全国职业培训推荐教材
人力资源和社会保障部教材办公室评审通过
适合于职业技能短期培训使用

抹灰工基本技能

中国劳动社会保障出版社

图书在版编目 (CIP) 数据

抹灰工基本技能 / 袁逊彬主编．—北京：中国劳动社会保障出版社，2010

职业技能短期培训教材

ISBN 978－7－5045－8201－0

Ⅰ. 抹…　Ⅱ. 袁…　Ⅲ. 抹灰－技术培训－教材　Ⅳ. TU754.2

中国版本图书馆 CIP 数据核字（2010）第 028300 号

中国劳动社会保障出版社出版发行

（北京市惠新东街1号　邮政编码：100029）

出 版 人：张梦欣

*

北京市科星印刷有限责任公司印刷装订　　新华书店经销

850 毫米 × 1168 毫米　32 开本　4.25 印张　105 千字

2010 年 2 月第 1 版　　2025 年 3 月第 15 次印刷

定价：9.00 元

营销中心电话：400-606-6496

出版社网址：http://www.class.com.cn

前言

职业技能培训是提高劳动者知识与技能水平、增强劳动者就业能力的有效措施。职业技能短期培训，能够在短期内使受培训者掌握一门技能，达到上岗要求，顺利实现就业。

为了适应开展职业技能短期培训的需要，促进短期培训向规范化发展，提高培训质量，中国劳动社会保障出版社组织编写了职业技能短期培训系列教材，涉及二产和三产百余种职业（工种）。在组织编写教材的过程中，以相应职业（工种）的国家职业标准和岗位要求为依据，并力求使教材具有以下特点：

短。教材适合15～30天的短期培训，在较短的时间内，让受培训者掌握一种技能，从而实现就业。

薄。教材厚度薄，字数一般在10万字左右。教材中只讲述必要的知识和技能，不详细介绍有关的理论，避免多而全，强调有用和实用，从而将最有效的技能传授给受培训者。

易。内容通俗，图文并茂，容易学习和掌握。教材以技能操作和技能培养为主线，用图文相结合的方式，通过实例，一步步地介绍各项操作技能，便于学习、理解和对照操作。

这套教材适合于各级各类职业学校、职业培训机构在开展职业技能短期培训时使用。欢迎职业学校、培训机构和读者对教材中存在的不足之处提出宝贵意见和建议。

人力资源和社会保障部教材办公室

简介

本书内容从认识抹灰工程和抹灰工这一职业开始，进而介绍房屋构造和一些简单的识图知识，在此基础上，帮助学员认识抹灰工程中常用的材料和工机具，以便更好地开展对抹灰工程施工技艺的系统学习。学员可以从中掌握内墙、外墙、顶棚、细部的一般抹灰工艺和水刷石、干粘石等装饰抹灰工艺，以及季节性施工的要领。考虑到建筑施工现场的特殊环境，本书最后还强调了安全生产和文明施工的重要性。

本书根据抹灰施工的实际需要设计理论知识和技能，把握合理的内容深度，针对职业技能短期培训学员的特点，突出技能操作，强化内容的实用性，改变了传统教材倾向理论化、学科化，与岗位实际脱节的弊端，拉近了培训与实际岗位的距离，能较好地实现学员操作能力和应用水平的提高。

本书语言通俗、图文并茂，便于学员理解和掌握。

本书由袁逊彬主编，张爽姿、刘吉勋、钟少云参编；王文玲主审。

目录

第一单元　抹灰工职业认知

培训目标：

1. 了解抹灰工的工作内容。
2. 熟悉抹灰工技能岗位及安全文明施工的基本要求。

模块一　认识抹灰工程

一、什么是抹灰工程

抹灰工程是建筑装饰装修工程的重要组成部分，是在建筑物的主体结构完工后，在墙体、地面、楼面、顶棚、柱面等构件的基层上，用砂浆、石灰膏等材料涂抹的一种操作工艺过程，其目的是保护建筑物的主体结构、完善建筑物的使用功能，美化建筑环境，给人以视觉上的享受。

抹灰工程包括一般抹灰和装饰抹灰。一般抹灰工程是指使用石灰砂浆、水泥砂浆、水泥混合砂浆、聚合物水泥砂浆、膨胀珍珠岩水泥砂浆、麻刀石灰、纸筋石灰膏等材料的抹灰。一般抹灰根据质量要求不同又可分为普通抹灰和高级抹灰。装饰抹灰则根据使用材料、施工方法和装饰效果不同，分为水刷石、水磨石、斩假石、干粘石、拉条灰、弹涂、仿石和彩色抹灰等。

其职业特点是能使用手工工具、机具，采用石灰、砂、石粒、水泥、黏结剂等材料，按设计要求对建筑物、构筑物的表面进行抹灰。

二、抹灰工程的作用

1. 保护结构

外墙的装饰层可以保护墙体免遭雨淋、日晒、冰雹以及腐蚀性气体和微生物的袭击，提高墙体的耐久性，弥补和改善墙体材料在功能方面的不足。

2. 保温、隔热、隔声

外墙经过设置装饰面得以增厚，有的外墙由于在面层与装饰面之间增设保温层，从而提高了保温能力，节约了能源，改善了室内环境。不同的饰面材料起着反射、吸收、隔声等作用，改善音质、减少噪声，并改善了室内环境。

3. 装饰立面，美化环境

不同的材质、色彩能给人物理、生理、心理的不同感受，能调节气氛，改善视觉环境。外墙装饰面层材料质感的表现常能产生非凡的艺术效果。质地坚硬的石材，可以给人安全、安静、舒适、豪华的感觉。室内装饰材料的质感和色彩与人最直观地发生接触，而且人在室内的停留时间远远大于室外，在室内装修中增加装饰层可改善生活、工作环境，增加人的生活情趣和工作热情。

4. 使墙面易于清洁

墙面通过抹灰装饰并抛光后，表面光洁，细腻，易于清洁，可节约建筑物清洁的时间和工作难度，提高清洁的工作效率。

三、抹灰工程的发展

古代人用泥浆涂抹洞穴和修筑泥土房，现代人用新型材料涂抹高楼大厦。利用手工劳作涂抹建筑表面这种方式一直被沿用着，但使用的材料不断的更新发展，从最早的使用泥土逐步过渡到使用石灰、石膏、水泥、等材料，同时抹灰的技艺也在不断提高。

现代化高楼大厦中的装饰绝不是普通涂抹技艺能实现的，而是通过上千种材料和相应的技艺展示各自的美感，以互相协调、互相融合美化建筑和建筑空间为目的而产生的建筑环境艺术的实体。所以现代的涂抹工作不仅要有娴熟的技艺，还需要有丰富的文化知识，顺应建筑装饰市场的需求，创造新工艺，满足消费者日益增长的需求。

模块二　抹灰工的职业要求

一、职业道德要求

遵守宪法、法律、法规，遵守国家的各项政策和各项安全技术操作规程及本单位的规章制度，树立良好的职业道德和敬业精神、文明施工以及刻苦钻研技术的精神。

二、职业技能要求

作为抹灰工，应了解抹灰所用建筑材料的性能和应用部位，学会识读简单建筑施工图中的平面图、立面图、剖面图和大样图，了解房屋构造的基本知识。经过一定时间的训练，能够进行室内外墙面、地面和顶棚的抹灰，具备安全生产、文明施工的基本知识，具体要求见表1—1。

表1—1　　抹灰工岗位职业技能要求

知识要求（应知）	操作要求（应会）
1. 根据施工图纸，确定施工部位、材料	1. 墙面抹灰挂线、冲筋、地面分格、划线
2. 了解常用的抹灰工程材料的种类、规格、质量、性能、用途、施工工艺及保管方法	2. 室内墙面、地面、顶棚的一般抹灰，抹灰一般缺陷（如空鼓等）的修理方法
3. 了解内外墙面、地面、顶棚、楼梯的基层质量要求，施工工艺程序、方法和质量标准	3. 室外墙面、地面、顶棚的抹灰，抹灰一般缺陷（如空鼓等）的修理方法
4. 掌握普通抹灰质量验收要求	4. 能做挂网抹灰
5. 了解本工种的安全技术操作规程、施工规范、质量及相关配套标准	5. 根据要求配制灰砂、拌和灰浆

三、安全文明施工要求

为确保生产安全，文明施工，每位抹灰工人都必须认真学习施工安全生产的基本知识，熟悉安全生产制度及相关工种的安全技术操作规程；学习机械设备和电器使用、高空作业等安全基本知识；学习防火、防毒、防爆、防洪、防尘、防雷击、防触电、防高空坠落，防物体打击、防坍塌、防机械伤害知识及紧急安全救护知识；了解安全防护用品发放标准及防护用具、用品的使用等。

1. 安全生产基本知识

一般来说，室内装饰工程主要可归纳出六大安全技术措施，即水电焊安全保证措施，用电安全保证措施，机械使用安全保证措施，施工安全保证措施，消防、防火保证措施，现场安全防护设施及应急保障措施等，就抹灰工程而言，具体体现在以下几个方面：

（1）正确使用防护用品和安全设施，严格遵守岗位责任制和安全操作规程，无证不得进行特殊作业。

（2）不准在门窗等器物上搭设脚手板。阳台部位粉刷时，外侧必须挂设安全网。严禁踩踏在脚手架的护栏和阳台栏板上进行操作。使用脚手架前，应先检查是否牢靠，护身栏、挡脚板等是否齐全可靠，发现问题应及时修整好，才能在上面操作。在同一跨度的脚手板内不应超过两人同时作业。

（3）室内抹灰施工的木凳、金属支架应搭设平衡牢固，脚手板跨度不得大于 2 m，架上堆放材料不得过于集中，要注意分散并放平稳，不许超过规定荷载。严禁随意向下抛掷杂物。

（4）室外抹灰使用脚手架时，外脚手架、马道、平台要设置围网，围护要严密、完整、有效。室外抹灰用金属挂架时，应在一层建筑物外侧周围设 6 m 安全网。室内外抹灰上料用架的前面要设有平网，在平网的下面铺设木板，防止吊盘落物伤人。

（5）加工各种饰面板时，不得面对面操作，必须要有隔离挡板防护，以免碎块飞溅伤人。饰面板钻孔时，要用临时固定架卡牢，防止钻头折断伤人。

（6）使用砂浆搅拌机搅拌砂浆，往拌筒内投料、拌叶转动时不得用脚踩或用铁铲、木棒等工具拨刮筒口的砂浆或材料。

2. 安全技术要求

（1）进入施工现场前必须参加三级安全教育，学习安全生产知识和工地规章制度。

（2）进入施工现场要戴好安全帽，穿好工作服，不准穿拖鞋，要穿胶底工作鞋，并检查防护用品的完好有效情况。

（3）检查使用工具的安全性。如检查锤子的锤头、锤柄是否牢固，以防脱出伤人。

（4）严禁脚手架超负荷使用，操作人员和材料不能太集中。

（5）零星抹灰、收尾、找补工程，不能用暖气管、上下水管道作为脚手架的支点，以免发生安全事故。

（6）机喷抹灰和砂浆中掺加的化学试剂都应按规定，并配足劳保用品。

（7）施工现场的临时用电，按规定采用安全电压，线路出现事故，应由专职电工进行维修与检查。

（8）冬季施工室内作业要注意防止煤气中毒和火灾发生，室外架子要经常打扫并注意防滑。

（9）雨季施工注意机具设备的防护，以免造成漏电事故；做好场地排水、防尘工作，使整个工地道路畅通。

（10）清理楼面时，禁止从窗口、留洞口和阳台等处直接向下、向外抛扔垃圾、杂物。

3. 文明施工要求

抹灰工在施工过程中，除了要按正确的操作技术进行施工，以提高施工效率，并遵守相应的安全规定外，还要懂得文明施工是安全生产的基础。

（1）抹灰工应穿有利于抹灰操作的工作服且衣着整齐。

（2）抹灰工应服从物业或治安保卫人员的监督、管理。

（3）应控制粉尘、污染物、噪声、震动等对相邻居民、居民区和城市环境的污染及危害。

（4）施工堆料不得占用楼道内的公共空间、封堵紧急出口。

（5）室外堆料应遵守物业管理规定，避开公共通道、绿化地、化粪池等市政公用设施。

（6）工程垃圾宜密封包装，并放在指定垃圾堆放地。

（7）不得堵塞、破坏上下水管道、垃圾道等公共设施，不得损坏楼内各种公共标识。

（8）每天收工前要清扫场地，做到工完、料尽、场清。

（9）工程验收前应将施工现场清理干净，杂物、垃圾清理出场。

第二单元　房屋构造与建筑识图

培训目标：

1. 了解房屋的基本构造。

2. 掌握建筑施工图的识图方法及步骤。

模块一　房屋构造基本知识

一般民用建筑均由基础、墙和柱、楼地面、屋顶、门窗、楼梯等主要部分组成。此外，还有一些其他配件和设施，如勒脚、散水、明沟、台阶、雨棚、阳台、烟道、屋檐、天沟、女儿墙等，这些构造的名称、位置与作用，都是抹灰技术工人必须了解的专业知识内容。

一、民用建筑的分类

供人们居住、生活、工作、学习及从事文化、商业、交通等活动的房屋。可分为居住建筑（住宅、集体宿舍等）和公共建筑（办公楼、学校、医院、商店、影剧院等）。

二、民用建筑的构造

现以一幢学生宿舍为例，房屋外观如图 2—1 所示，楼房的第一层称为底层（也称为一层或首层），往上数，称二层、三层……顶层（本例的三层即为顶层）。房屋由许多构件、配件和装修构造构成，如图 2—2 所示。

图 2—1 某学生宿舍楼外观

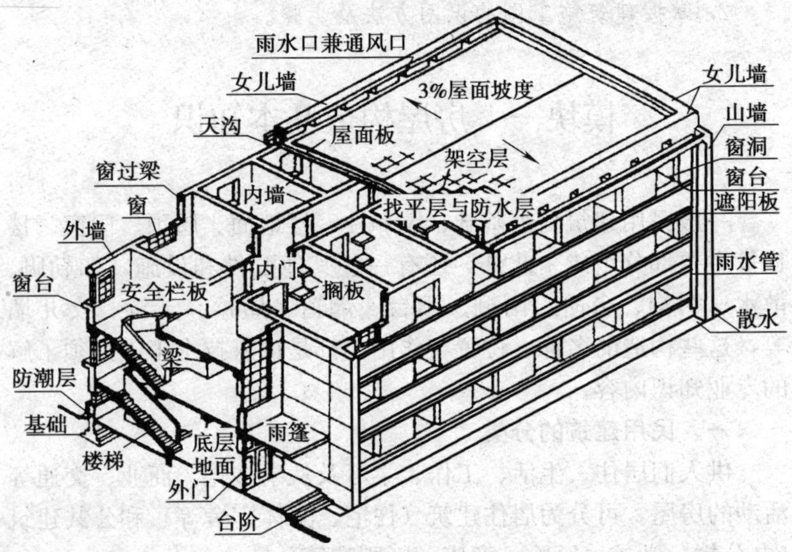

图 2—2 房屋的构造

1. 民用建筑的主要构造及作用

（1）基础

是建筑物与土层直接接触的部分，它承受建筑物的全部荷载，并将这些荷载连同自重一起传给地基。

（2）墙（柱）

是房屋的承重与围护构件。根据墙体不同位置与作用，大致可分为外墙、内墙、山墙、横墙、纵墙、承重墙、非承重墙等。

（3）楼面与地面

是分隔建筑空间的水平承重构件。

（4）楼梯

是房屋的垂直交通设施，用于人员上下楼层与紧急疏散。

（5）门窗

主要用于采光、通风、交通联系和分隔房间。

（6）屋面

是房屋顶部的围护和承重构件，抵御自然界的风、霜、雪、太阳辐射和冬季低温对房屋侵袭，主要有平屋顶与坡屋顶等。

2. 识读民用建筑细部构造及作用

（1）天沟、雨篷、雨水管、勒脚、防潮散水、明沟、泛水等构造位置，主要起排水和保护墙身的作用。

（2）阳台、窗台、女儿墙等构造位置，主要反映立面造型的效果。

（3）踢脚、墙裙、门套、窗套、阳角、阴角、顶角等构造的位置，主要起保护墙体，墙角的作用；走廊、楼梯栏杆扶手、休息平台、安全护栏等构造的位置，主要起安全作用；轻质隔墙等室内构造的位置，主要起分隔室内空间的作用。

（4）圈梁、过梁、构造柱、框架拄、框架梁等结构构造的位置，主要起增强房屋整体刚度的作用。

（5）底层与屋面架空层的位置，主要用于通风、保温与隔热。

模块二　识图基本知识

建筑工程图是一种准确表达建筑物构配件的构造组成、外形轮廓、尺寸、平面布置、装饰材料做法等的工程图纸，是施工人员进行工程施工的依据。在抹灰施工中，经常用建筑工程图来反映抹灰构造、确定抹灰材料、计算抹灰尺寸等。熟悉本工种范围内的施工图纸内容，是每一位从业人员在技能操作中必须具备的基本知识。

一、建筑施工图的种类

建筑工程施工图由于专业不同，一般分为建筑施工图（简称建施）、结构施工图（简称结施）和设备施工图（简称设施）。所有施工图纸的内容、画法、格式等都是按照国家统一的房屋建筑制图标准而绘制，本工种主要是了解建筑施工图。

二、建筑工程图中的常用符号

1. 定位轴线（分轴线）的标注方法

如图 2—3 所示，定位轴线是对墙、柱和屋架等承重构件位置施工放线、测量定位的依据，用点划线绘制。末端用（$\phi8$～$\phi12$ mm）的圆圈标明其编号，横向墙、柱轴线，按水平方向从左至右用阿拉伯数字 1，2，3…依次编号。纵向墙、柱轴线按垂直方向由下向上用拉丁字母 A，B，C…依次编号（其中 I、O、Z 不用）。轴线之间有时设有分轴线，编号用分数表示，分数的分母表示前一轴线编号，分子表附加轴线编号。在详图中，如果一个详图适用于几个轴线，应将各有关轴线的编号都同时注明。

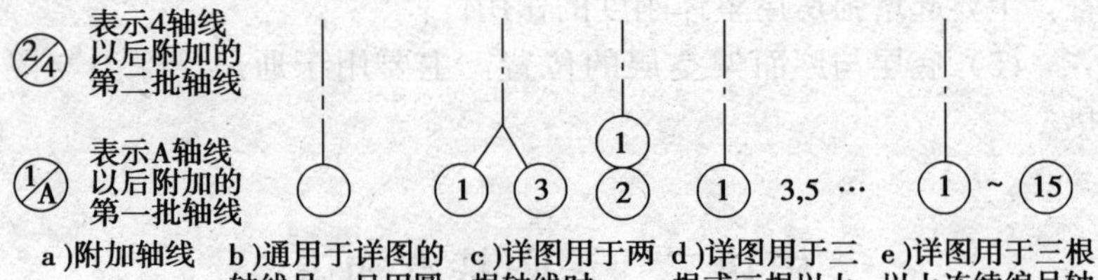

图 2—3　定位轴线的各种注法

2. 引出线

引出线通常在建施立面和构造详图中使用，即对图样上某些部位可引出来加以说明的符号，通常用细实线绘制，如图 2—4 所示。有时可同时引出几个相同部分的引出线或多层构造共同引出线。

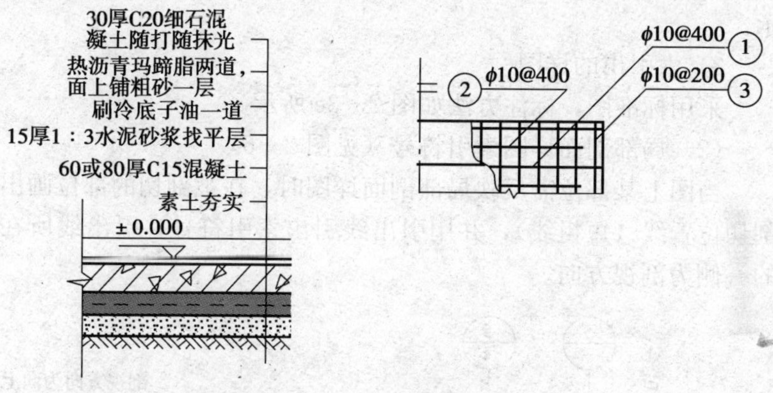

图 2—4　引出线标注方法

3. 索引与详图符号

为了便于查找图样中某一部位的详图，标准中规定采用索引符号与详图符号。具体表示方法是：在图样中需另画详图的部位用索引符号索引，在索引出的详图下侧画上详图符号。

（1）索引符号（见图 2—5）

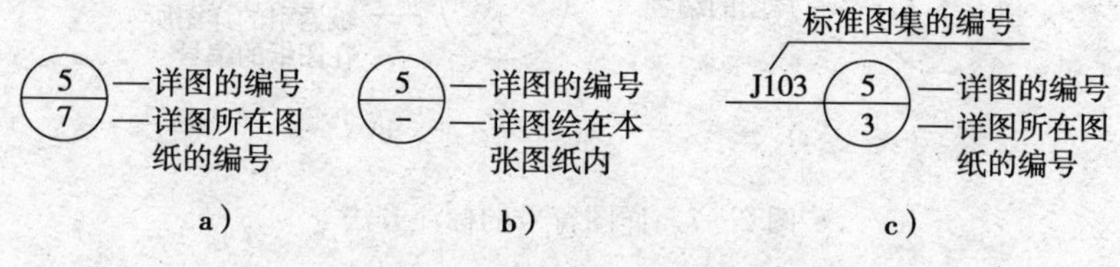

图 2—5　索引符号的标注方法

索引符号圆圈直径为 10 mm，用细实线画，过中心画一水平细线，在其中用阿拉伯数字按下列规定进行编号。

1）索引出的详图

与被索引的图样不在同一张图纸内，标注方法如图 2—3a 所示。

2）索引出的详图

与被索引的图样在同一张图纸内，标注方法如图 2—3b 所示。

3）索引出的详图

采用标准图，标注方法如图 2—3c 所示。

（2）局部剖面详图索引符号（见图 2—6）

当图上某部位需反映局部剖面详图时，在被剖切的部位画出剖切位置线（短粗线），并用引出线引出索引符号，引出线所在的一侧为剖视方向。

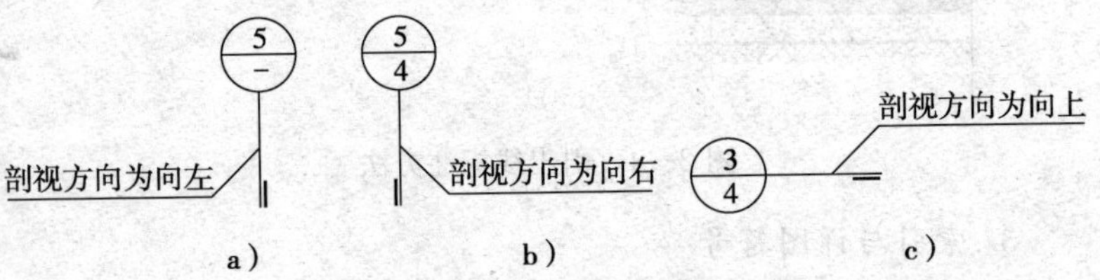

图 2—6　局部剖面详图的索引符号

（3）详图符号（见图 2—7）

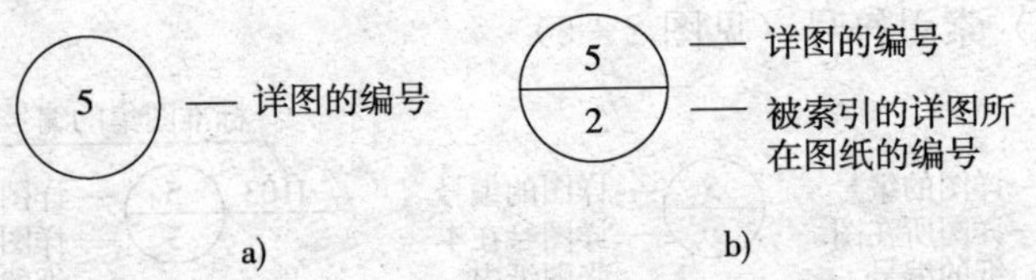

图 2—7　详图符号的标注方法

详图符号圆圈直径为 14 mm，用粗实线绘制，圆圈内用阿拉伯数字按下列规定进行编号。

1）详图与被索引的图样在同一张图纸内，标注方法如图

2—5a 所示。

2）详图与被索引的图样不在同一张图纸内，标注方法如图 2—5b 所示。

4. 标高

标高分为绝对标高（黑色三角形表示，总平面图中的场地整平标高）与相对标高（空心三角形表示，用于建筑施工图中的建筑标高和结构标高），具体形式画法如图 2—8a 和 2—8b 所示。其注写方法是以“m”为单位至小数点第 2～3 位，零点的标高为±0.000，正数前不标号，负数标高前加负号，标高符号的尖端应指在被注高度上，尖端指向可上、可下，一个标高符号上可同时标汴不同的标高，具体方法如图 2—8c 所示。

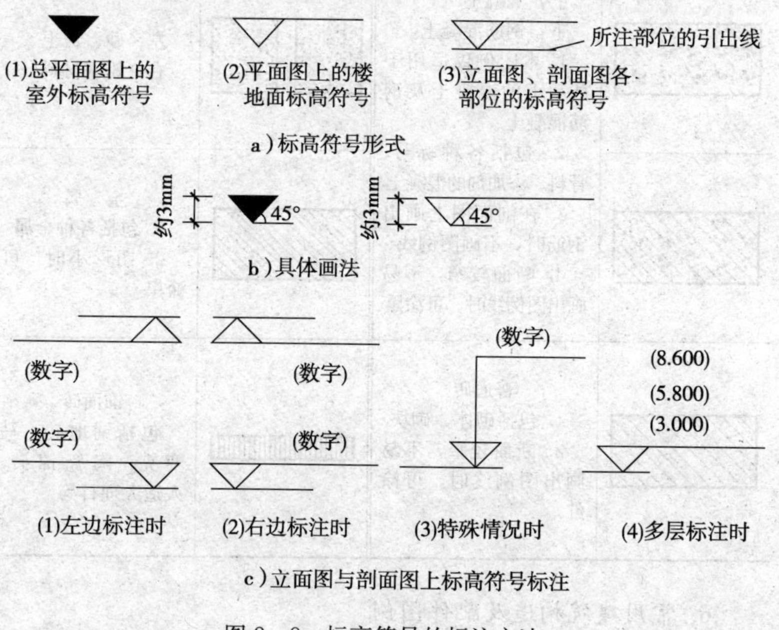

图 2—8　标高符号的标注方法

5. 常用建筑材料图例

在建筑工程图中除了用文字说明建筑材料的名称外，还需在断面中画出它们在国家标准中所规定的图例，表 2—1 中所列的是常用建筑材料的图例。

表 2—1　　常用建筑材料图例

图例	名称与说明	图例	名称与说明
	自然土壤		木　材 左图为垫木、木砖、木龙骨 右图为横断面
	素土夯实		
	上：混凝土 下：钢筋混凝土 1. 本图例仅适用于能承重的混凝土及钢筋混凝土 2. 包括各种标号、骨料、添加剂的混凝土 3. 在剖面图上画出钢筋时，不画图例线 4. 断面较窄，不易画出图例线时，可涂黑		左：砂、灰土 右：粉刷材料
			金　属 1. 包括各种金属 2. 图形小时，可涂黑
	普通砖 1. 包括砌体、砌块 2. 断面较窄，不易画出图例线时，可涂红		饰面砖 包括铺地砖、马赛克、陶瓷锦砖、人造大理石等

6. 常用建筑构造及配件图例

表 2—2 中所列的建筑构造及配件图例是各类建筑图中都可能见到的，所以作为抹灰工，对于这些图例也应有一定的了解，以方便今后识图。

表 2—2 **常用构造及配件图例**

序号*	名称	图例	说明
5	坡道	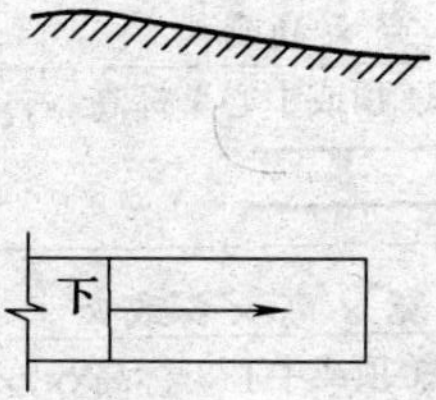 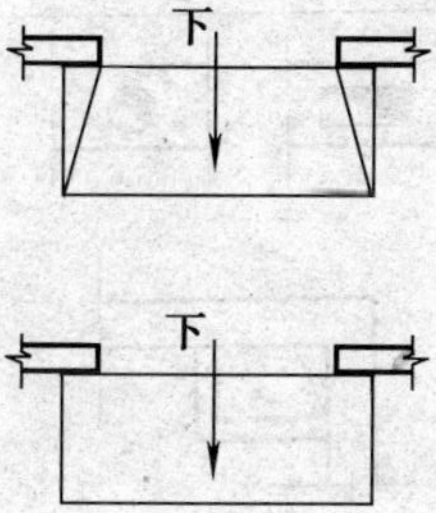 下 下 下	上图为长坡道，下图为门口坡道
6	平面高差	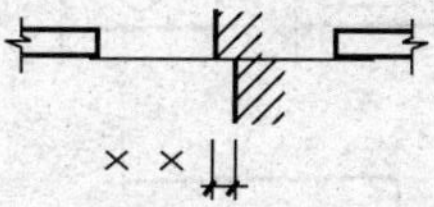 × ×	适用于高差小于100的两个地面或楼面相接处
7	检查孔	 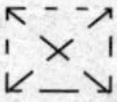	左图为可见检查孔 右图为不可见检查孔
8	孔洞	 	阴影部分可以涂色代替
9	坑槽	 	

续表

序号*	名称	图例	说明
10	墙顶留洞	宽 × 高或 φ 底(顶或中心)标高××，×××	1. 以洞中心或洞边定位 2. 宜以涂色区别墙体和留洞位置
11	墙预留槽	宽 × 高 × 深或 φ 底(顶或中心)标高××，×××	
12	烟道		1. 阴影部分可以涂色代替 2. 烟道与墙体为同一材料，其相接处墙身线应断开
13	通风道		
14	新建的墙和窗		1. 本图以小型砌块为图例，绘图时应按所用材料的图例绘制，不易以图例绘制的，可在墙面上以文字或代号注明 2. 小比例绘图时平、剖面窗线可用单粗实线表示

续表

序号*	名称	图例	说明
15	改建时保留的原有墙和窗	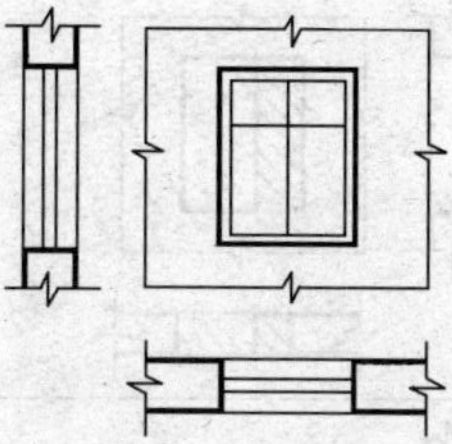	
16	应拆除的墙	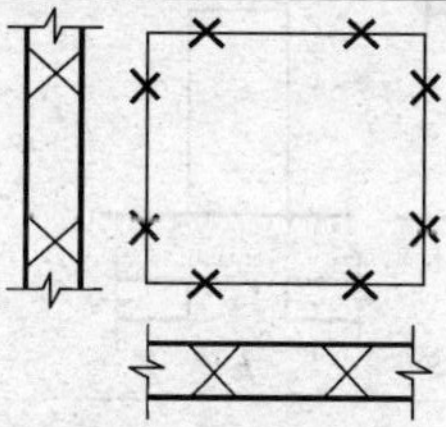	
17	在原有墙或楼板上新开的洞	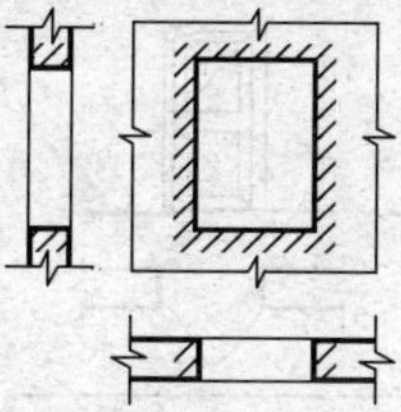	
18	在原有洞旁扩大的洞	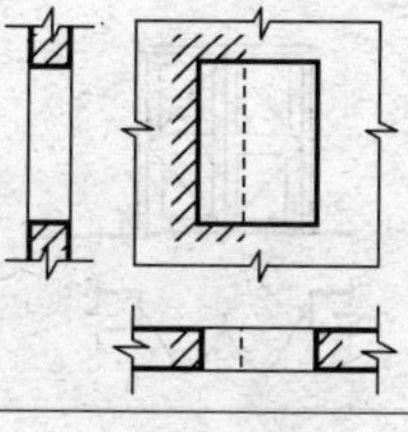	
19	在原有墙或楼板上全部填塞的洞	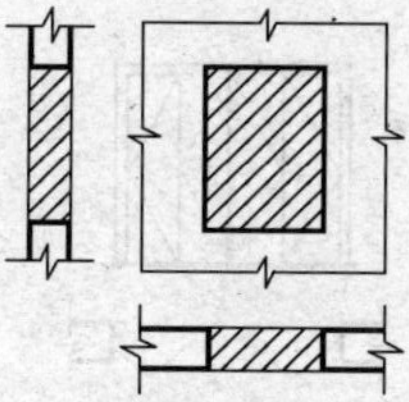	

续表

序号*	名称	图例	说明
20	在原有墙或楼板上局部填塞的洞	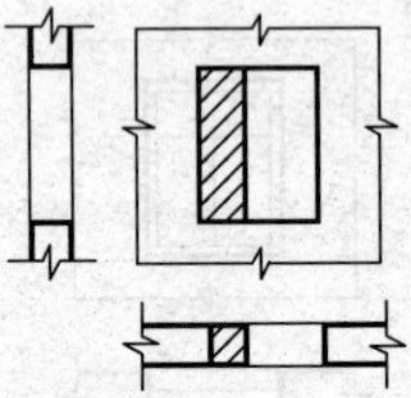	
21	空门洞	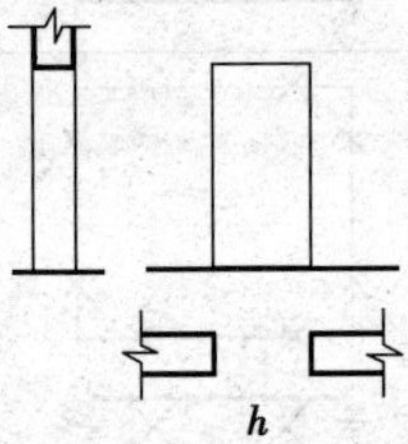 *h*	h 为门洞高度
22	单扇门（包括平开或单面弹簧）	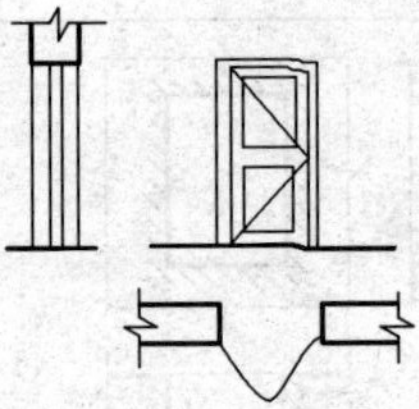	1. 门的名称代号用 M 2. 图例中剖面图左为外、右为内，平面图下为外、上为内 3. 立面图上开启方向线交角的一侧为安装合页的一侧，实线为外开，虚线为内开 4. 平面图上门线应 90°或 45°开启，开启弧线宜绘出 5. 立面图上的开启线在一般设计图中可不表示，在详图及室内设计图上应表示 6. 立面形式应按实际情况绘制
23	双扇门（包括平开或单面弹簧）	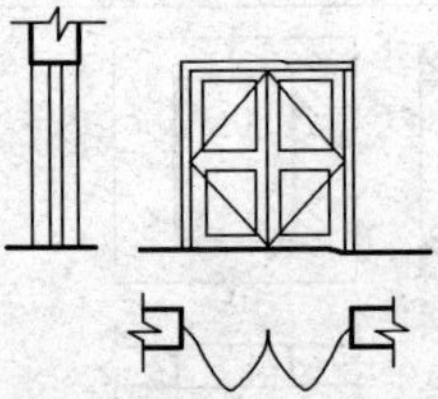	
24	对开折叠门	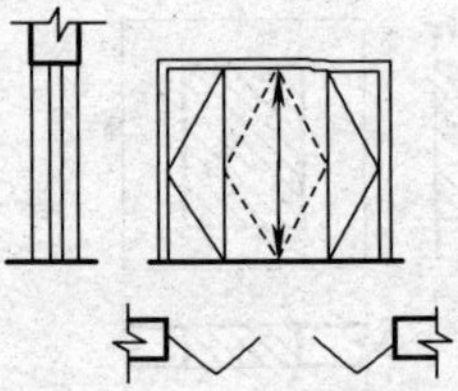	

续表

序号*	名称	图例	说明
25	推拉门		1. 门的名称代号用 M 2. 图例中剖面图左为外、右为内，平面图下为外、上为内 3. 立面形式应按实际情况绘制

* 序号采用节选标准。

7. 坡度及尺寸的标注

"i"为坡度代号，坡度由箭头带引出线表示，要求在箭头处说明上下关系，具体标注形式如图 2—9 所示。

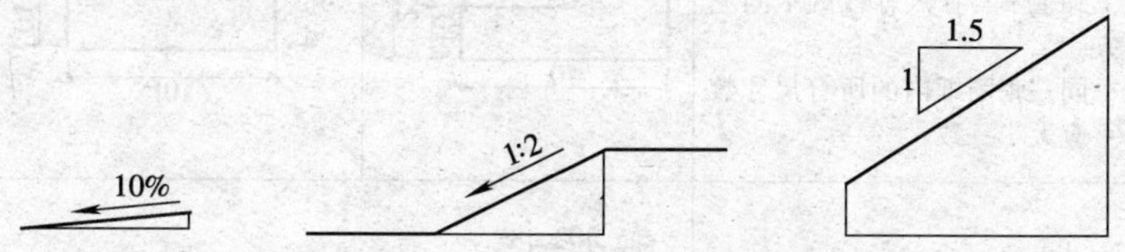

图 2—9 坡度的标注形式

尺寸可分为外尺寸（图形四周外）及内部尺寸（图形内），由尺寸线、尺寸界线、尺寸起止点和尺寸数字组成，尺寸数字以"mm"为单位。表 2—3 所列的是标注一般图形尺寸时的注意事项，对于圆弧尺寸的标注，具体形式如图 2—8 所示。

表 2—3 尺寸标注的注意事项

说明	正确	错误
轮廓线、中心线可以用作尺寸界线，但不能作为尺寸线	24	24

续表

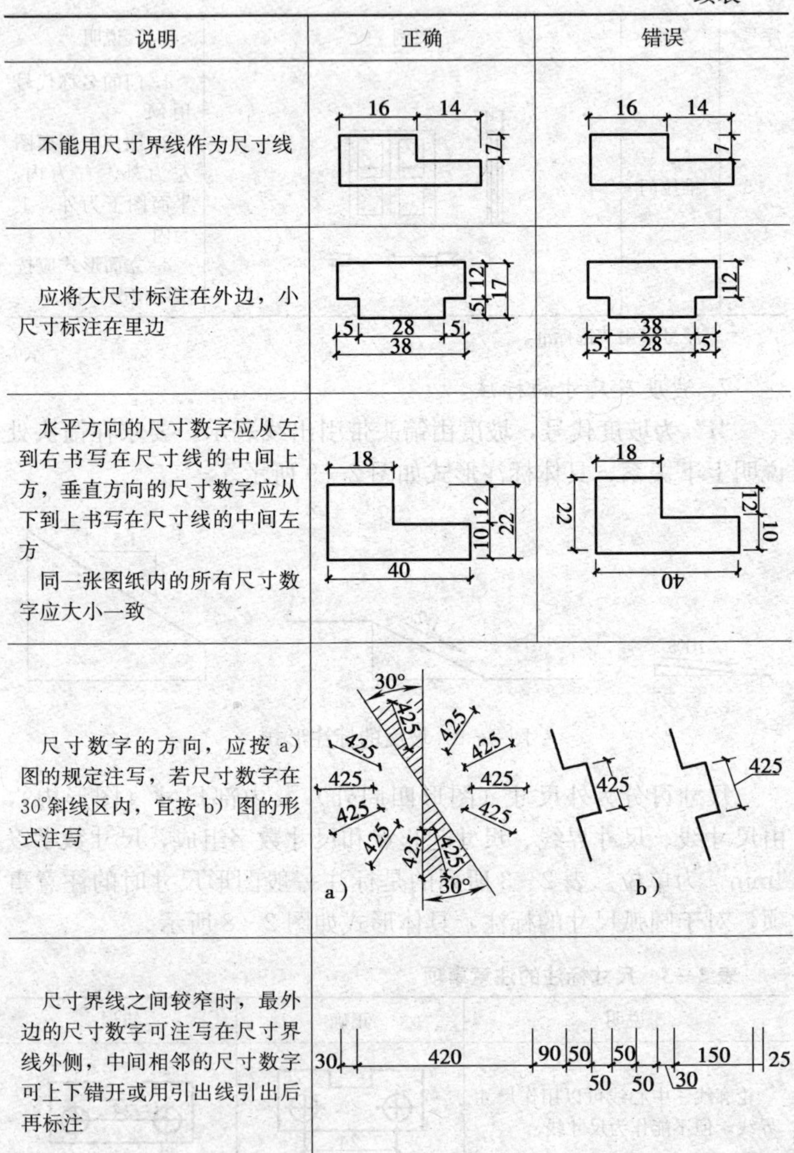

说明	正确	错误
不能用尺寸界线作为尺寸线		
应将大尺寸标注在外边，小尺寸标注在里边		
水平方向的尺寸数字应从左到右书写在尺寸线的中间上方，垂直方向的尺寸数字应从下到上书写在尺寸线的中间左方 同一张图纸内的所有尺寸数字应大小一致		
尺寸数字的方向，应按 a）图的规定注写，若尺寸数字在30°斜线区内，宜按 b）图的形式注写		
尺寸界线之间较窄时，最外边的尺寸数字可注写在尺寸界线外侧，中间相邻的尺寸数字可上下错开或用引出线引出后再标注		

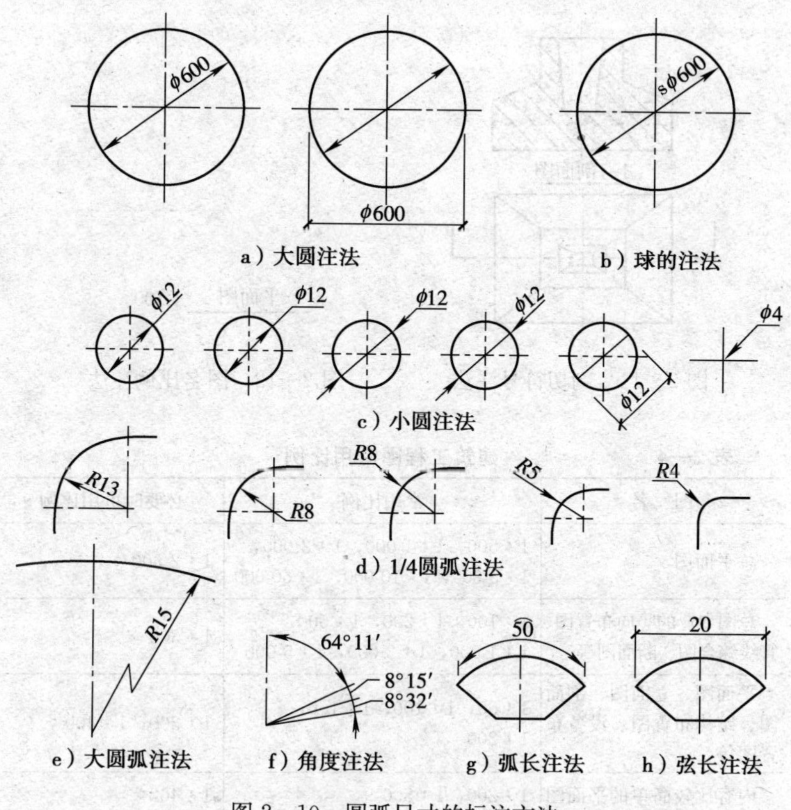

图 2—10　圆弧尺寸的标注方法

8. 剖切符号

剖切符号分剖面剖切符号和断面剖切符号，由剖切位置线、剖视方向及剖切编号组成，粗实线绘制，基本形式如图 2—11 所示，通常编号所在的一侧为剖视方向。

9. 图名比例

建筑工程图中每个图样都必须按规定标注图名与比例，比例是图形尺寸与实物的实际尺寸之比，用阿拉伯数字表示，图名比例的标注形式如图 2—12 所示。表 2—4 中列出了建筑图中常用的各种比例。

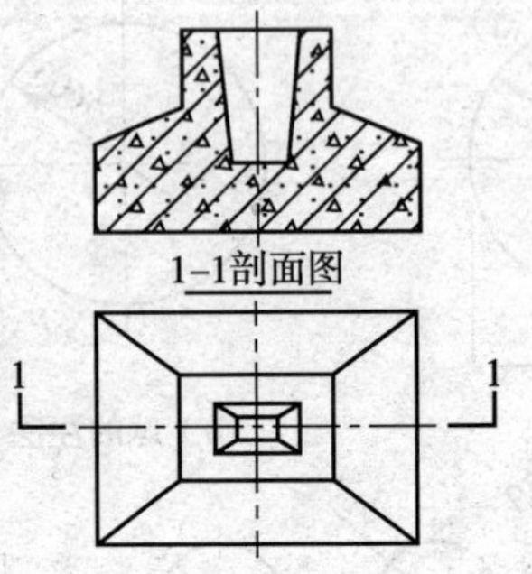

平面图 1:100

图 2—11 剖切符号注法　　　图 2—12 图名比例注法

表 2—4　　建筑工程图常用比例

图　名	常用比例	必要时可用比例
总平面图	1∶500，1∶1 000，1∶2 000，1∶5 000，1∶10 000，1∶50 000	1∶2 500
总图专业的竖向布置图、管线综合图、断面图等	1∶100，1∶200，1∶500，1∶1 000，1∶2 000，1∶5 000	1∶300
平面图、立面图、剖面图、结构布置图、设备布置图等	1∶50，1∶100，1∶150，1∶200	1∶300，1∶400
内容比较简单的平面图	1∶200，1∶500	1∶400
详图	1∶1，1∶2，1∶5，1∶10，1∶20，1∶50	1∶3，1∶4，1∶6，1∶15，1∶25，1∶30，1∶40，1∶60

模块三　建筑施工图的识读

建筑施工图一般由首页图（目录、设计说明、装修说明等）、建筑平面、立面、剖面及构造详图组成。从装饰镶贴工的工作需要出发，作为即将跨入这一行业的劳动者，只需掌握识读简单的建筑施工图的方法，并能在实际操作中严格按图施工即可，而对于结构施工图和设备施工图则不需了解太多。

一、建筑平面施工图的识读

1. 平面图的形成

假想用一水平剖切平面沿着房屋各层门、窗洞口将房屋切开，移去剖切平面以上部分，向下做水平投影所得到的正投影图即为建筑平面图，简称平面图，如图 2—13 所示。

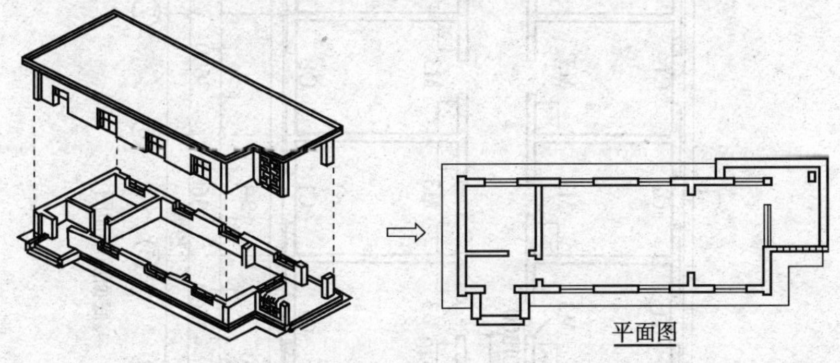

图 2—13　平面图的形成

2. 平面图的分类及图示特点

根据剖切楼层位置不同，可将平面图分为底层平面图、中间层平面图或标准层平面图、屋顶平面图等。平面图所反映的是房间的平面布局、门窗位置、墙体位置及厚度等相关内容，图形比例一般为 1∶50、1∶100、1∶200 等。每层平面都有各自的图示特点，在底层平面图中主要体现建筑入口、台阶、花池、散水、门厅、楼梯入口及各房间位置；在标准层平面图中主要体现建筑中间层各主要功能房间布置情况；在屋顶平面图中主要体现屋面坡度、排水方向、雨水管、烟囱、通风井、屋面架空层、女儿墙、天沟、泛水等构造的平面位置。这里以某幢学生宿舍为例，主要介绍其底层平面图（见图 2—14a）和二层平面图（见图 2—14b）的识读方法。

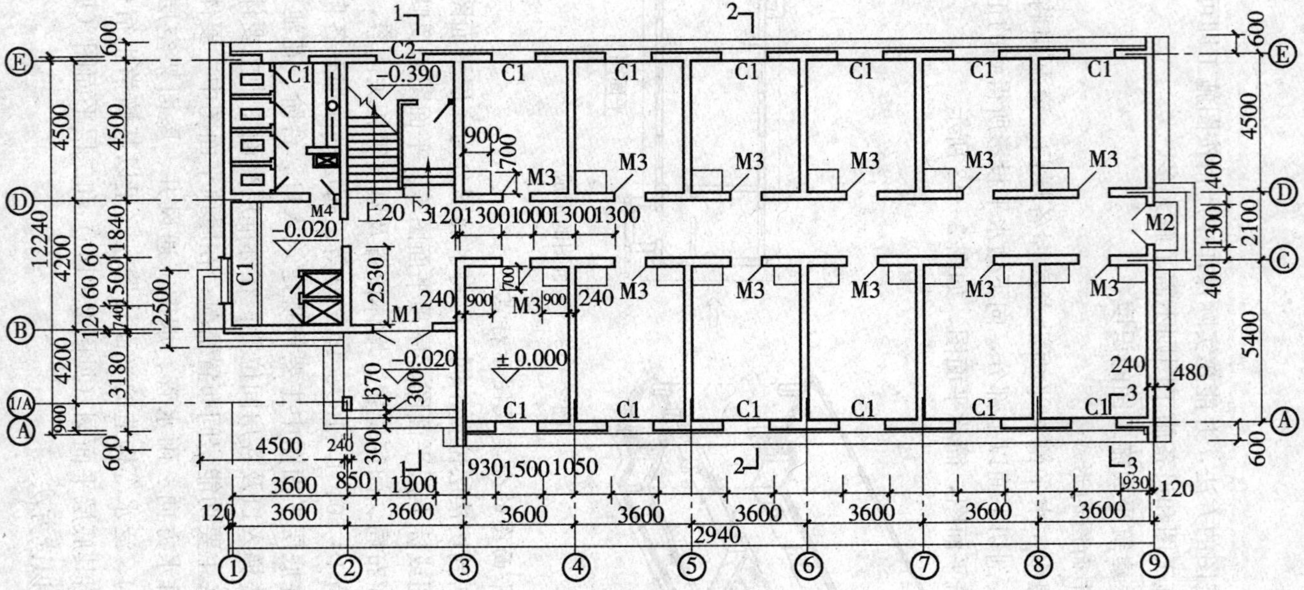
1
2
3
4
5
6
7
8
9
A
1/A
B
C
D
E
C1
C2
M1
M2
M3
M4
−0.390
−0.020
±0.000
上20
12240
4500
4200
900
600
3180
740
1500
1840
120
60
2500
2530
370
300
240
850
1900
930
1050
1300
1000
700
3600
2940
5400
2100
400
480

a) 底面层平面图

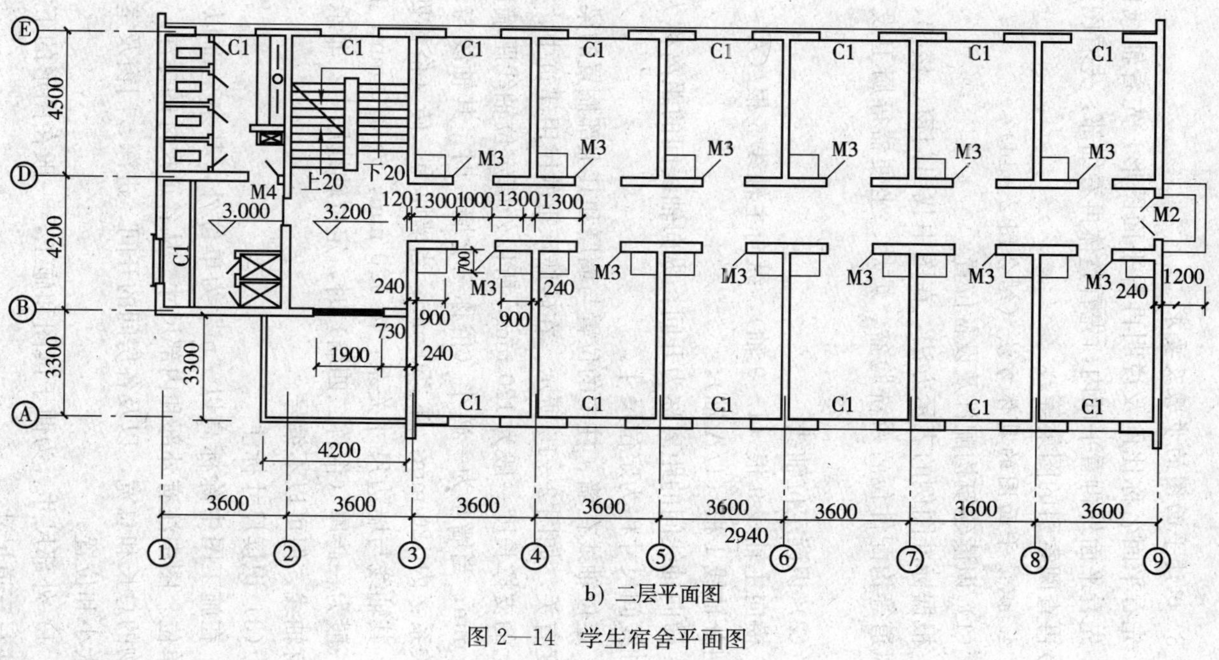

b）二层平面图

图 2—14 学生宿舍平面图

3. 识读平面图的步骤及要求

先看平面名称比例及说明再看平面图形，先看轴线再看尺寸，先看平面外再看平面内，先看整体再看细部，先看图形索引符号再查阅索引的图集等。

4. 识读平面图的具体方法（结合图 2—14）

（1）识读建筑构配件及设备位置

根据标准图例的表示方法，在图中找出门窗、楼梯、烟道、通风道等构配件位置及洗脸盆、炉灶、坐便器等厨卫设备的位置。

（2）识读定位轴线

横向主轴线 9 根（1～9 轴），纵向主轴线 5 根（A～E 轴），纵向分轴线 1 根（1/A 轴），

横向轴线间的距离称为开间，纵向轴线间的距离称为进深，各轴线间尺寸称为定位尺寸。

定位轴线在墙、柱中的位置与墙厚和其上部搁置的梁板支撑长度有关，如图 2—15 所示。在砖墙承重的民用建筑中，楼板在墙上的支撑长度一般为 120 mm，所以外墙定位轴线距墙内边为 120 mm；当墙厚为一砖半（俗称三七墙）时，其轴线与墙边尺寸关系：内 120 mm，外 250 mm；当墙厚为二砖（俗称四九墙）时，其轴线与墙边尺寸关系：内 120 mm，外 370 mm；内承重墙一般为一砖厚（俗称二四墙）时，定位轴线居中；非承重隔墙也有轴线，但可以不编号。

（3）识读尺寸标注

在施工图中除标高以“m”为单位外，其余全部以“mm”为单位。图中注有外部和内部尺寸。从各道尺寸的标注，了解建筑物的总长和总宽，以及各房间的开间、进深、门窗及室内设备的大小和位置。

1）外部尺寸。为便于读图和施工，一般在图形的下方及左侧注写三道尺寸。

第一道尺寸，表示外轮廓的总尺寸，即指从一端的外墙边到另一端的外墙边的总长和总宽尺寸，如图 2—14a 中所示的总长为29 040 mm，总宽为12 240 mm。

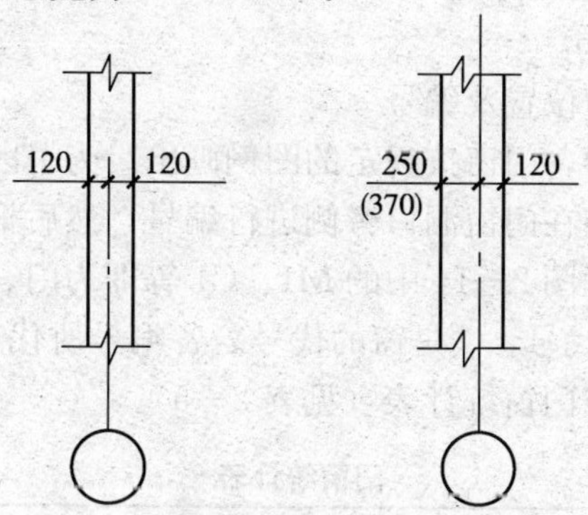

图 2—15　定位轴线与墙厚的关系

第二道尺寸，表示轴线间的距离，用以说明房间的开间及进深的尺寸。横向轴线间的尺寸称为开间尺寸，如图 2—14a 中的房间的开间尺寸为3 600 mm；纵向轴线间的尺寸称为进深尺寸，如图 2—14a 中南面房间的进深是5 400 mm，北面房间的进深4 500 mm。

第三道尺寸，表示各细部的位置及大小，如门窗洞宽和位置、柱的大小和位置等。标注这道尺寸时，应与轴线联系起来，如图 2—14a 所示，房间的窗 C1 宽度为1 500 mm，窗边距轴线为1 050 mm。

另外，台阶（或坡道）、花池及散水等部位的尺寸单独标注。如果房屋前后或左右不对称，平面图上四边都注写三道尺寸。如只有局部不同，可只注写不同部分的尺寸。

2）内部尺寸。为了说明室内的门窗洞、墙厚和固定设备（如厕所、盥洗室、工作台、搁板等）的大小和位置，以及室内楼地面的高度，一般会在平面图上清楚地注写出有关的内部尺寸和楼地面相对标高。相对标高就是假定底层地面的标高为

±0.000，注写出各层楼面相对于底层地面的高度，高于它为正，但不注写符号“+”；低于它为负，要注写符号“−”。如图 2—14a 所示的盥洗室地面标高是−0.020 m，即表示该处地面比房间地面低 20 mm。

（4）门、窗位置及编号

在平面图中，门窗按规定的图例画出。为了区别门窗的类型和便于统计，应在门窗洞口旁侧进行编号，然后根据编号单独列出门窗统计表。图 2—14 中的 M1、C1 等即为门、窗编号，其中字母 M 是门的代号，C 是窗的代号。各编号所代表门窗的类型、尺寸、数量可查门窗统计表（见表 2—5）。

表 2—5　　门窗统计表

编号	门窗洞尺寸 宽×高	数量	所在标准图集编号	说明
M1	1 900×2 700	1	XJ 604	
M2	1 300×2 700	3	XJ 604	
M3	1 000×2 700	36	XJ 602	最顶一块门心板改为玻璃
M4	800×2 700	3	ZJ 604	
M5	800×2 000	1	ZJ 602	无亮子
C1	1 500×1 800	42	ZJ 703	
C2	1 500×580	1	ZJ 703	

另外，根据建筑平面图，还可以判断建筑物各墙的承重方式（砖混承重还是框架承重等），以及了解楼梯在各层平面中的变化，建筑各层平面及细部构造的标高变化（如建筑物出入口、底层±0.000 位置、楼地面、室外台阶、明沟、散水、雨水管、雨棚、阳台及露台等），有水地面的坡度大小（一般为 0.5%或

1%，如厨房、卫生间、盥洗间、阳台及露台等）等。

二、建筑立面施工图的识读

1. 立面图的形成

建筑立面图是建筑的外观图，是用平行于建筑物各个外墙面的投影面做正投影所得到的正投影图，简称立面图，如图 2—16 所示。如果调到圆弧形或者折线形立面，可画展开立面投影并注明为展开投影图。

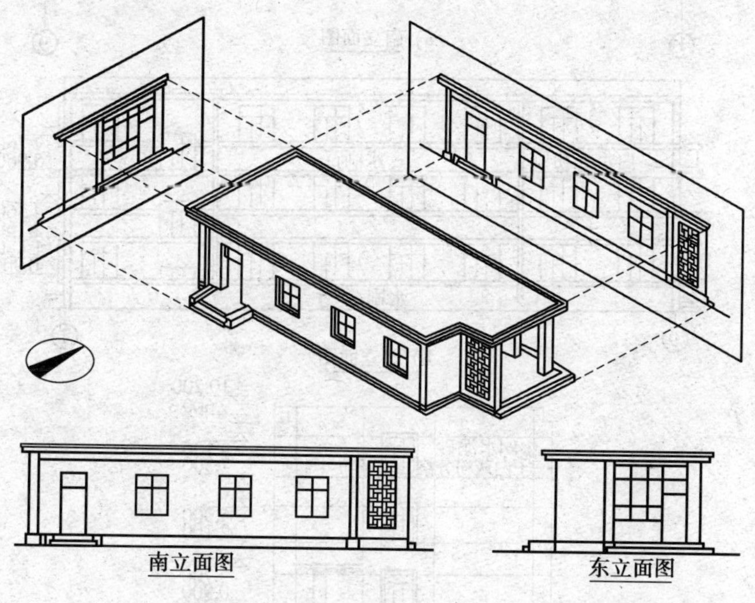

图 2—16　建筑立面图

2. 立面图的分类及图示特点

(1) 立面图的分类

立面所处的位置不同，根据不同的分类标准，可对其作如下区分：

根据所处的方位不同，可分为东立面图、南立面图（见图 2—17a）、北立面图（见图 2—17b）、西立面图（见图 2—17c）。

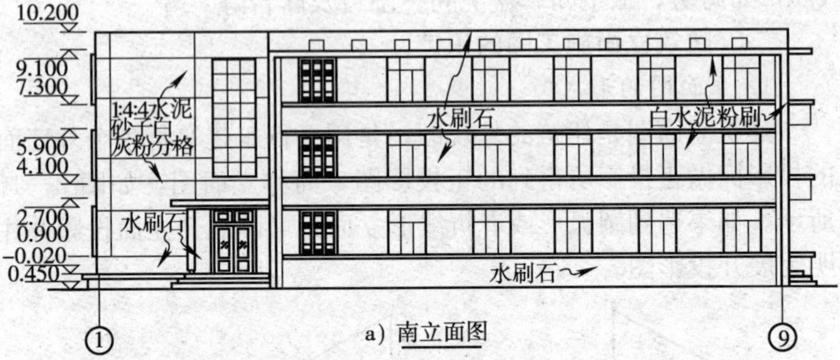

a）南立面图

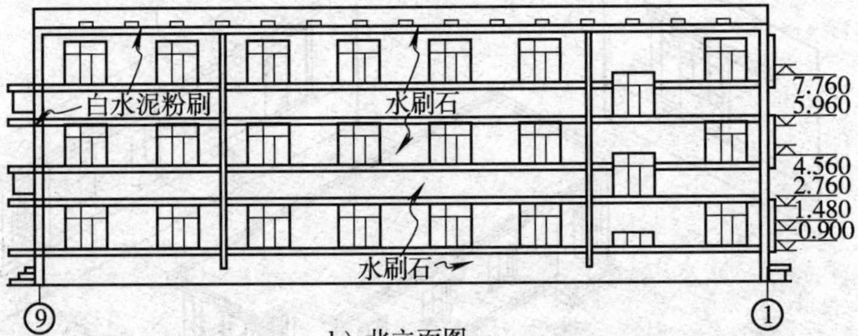

b）北立面图

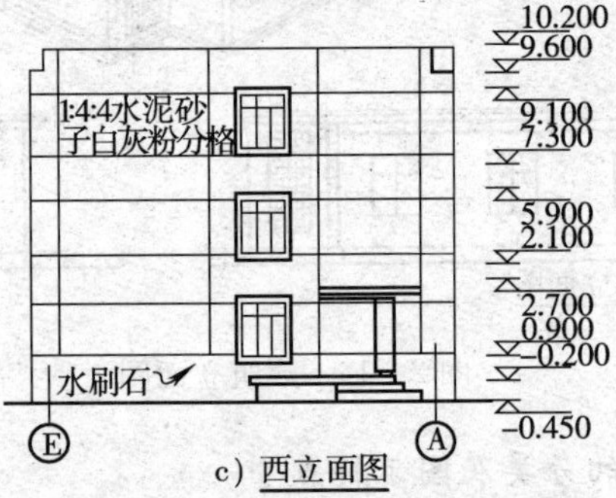

c）西立面图

图 2—17　建筑立面图

根据轴线位置不同，可分为①～⑨立面图，⑨～①立面图，Ⓐ～Ⓔ立面图，Ⓔ～Ⓐ立面图。

根据所处的位置不同，可分为正立面图、背立面图、右侧立面图和左侧立面图。

（2）图示特点

建筑立面图主要反映建筑物外部的造型特征、外墙面的装修以及外墙上门窗的位置、高度和各部位的标高尺寸等。其中反映主要出入口或比较显著地反映房屋外貌特征的那一面的立面图，称为正立面图，其余的立面图相应地称为背立面图和侧立面图。立面图的名称也可用两端的定位轴线编号命名，如①～⑨立面图，Ⓐ～Ⓔ立面图，还可用房屋的朝向来命名，如南立面图、北立面图等。

3. 识读立面图的步骤和要求

先看主立面，后看次立面。以轴线为对应点，与平面先整体对照看图，再局部对照看图。

4. 识读立面图的具体方法（结合图 2—17）

（1）识读外观造型

如立面的形状、檐口、屋顶以及门窗和门窗套线造型，阳台、台阶、花池、雨篷、柱、雨水管、附墙柱等的样式和位置。此外，还要注意墙面、勒脚、屋面等由于材质不同而设计的墙面装饰分格。

（2）识读定位轴线

在立面图中一般只画出两端的定位轴线及编号，以便与平面图对照来确定立面图的方向，如图 2—17a 所示的①、⑨和图 2—17c 所示的Ⓔ、Ⓐ。

（3）识读尺寸标注

在立面图中，一般只注写相对标高而不注写大小、尺寸，通常要注出室外地坪、出入口地面、勒脚、窗台、门窗顶及檐口等处的标高。房屋立面左右对称时，一般注在左侧，不对称时，左右两侧均要标注。另外，还要注意建筑物的层数、总高度及各构造部位的标高尺寸等。

（4）识读外部装饰标注

根据装饰要求，图中注有外墙面各部位的具体做法（如水刷石、面砖、搓砂等这些墙面做法）。另外，在立面图中，除用部分图例表示外，文字说明或装饰节点的详图索引等都要引起注意。

三、建筑剖面施工图的识读

1. 剖面图的形成

假想用一个垂直于水平面的剖切面，将房屋在门窗处或房屋某处较复杂的部位竖向截开，移去靠近观察者的部分，对留下的部分做正投影，所得到的正投影图称为建筑剖面图，简称剖面图，如图 2—18 所示。

2. 剖面图的分类及图示特点

（1）剖面图的分类

根据剖切位置不同，可将剖面图分为 1—1 剖面图，2—2 剖面图等，如图 2—19 所示。剖面图的剖切位置一般都标注在底层平面图上。剖面图所反映的是房屋的内部构造，以及内部装修和竖向构件的标高等。

（2）图示特点

剖面图主要表达房屋地面以上的高度尺寸、材料做法和构造关系。剖面图一般不体现基础部分，其图形比例、材料图例与平面图保持一致，且主要是表达房屋复杂的空间关系（一般在楼梯间部位做剖面图）。剖面图数量主要依据房屋复杂程度及施工图的实际需要而定。

3. 识读剖面图的步骤和要求

（1）读图名，看清剖切位置，了解剖面图编号与平面图上的剖切编号对应关系。

（2）读标高及各种竖向尺寸，了解房屋各部位的构造。

（3）读屋面、顶棚、楼地面构造，了解其构造层次关系与做法。

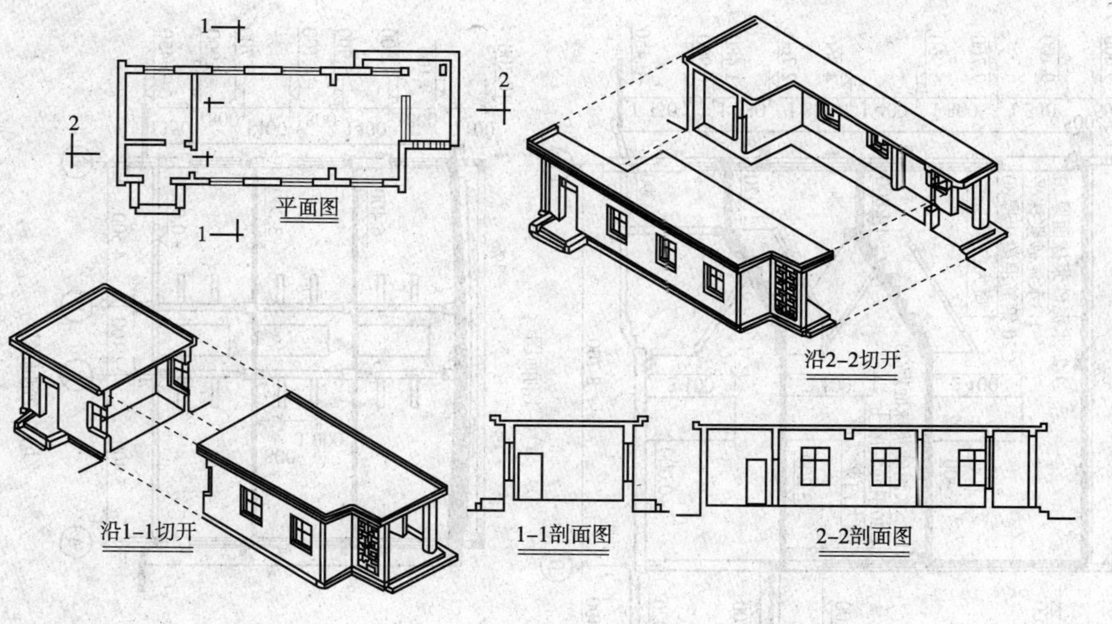

图 2—18　建筑剖面图示例

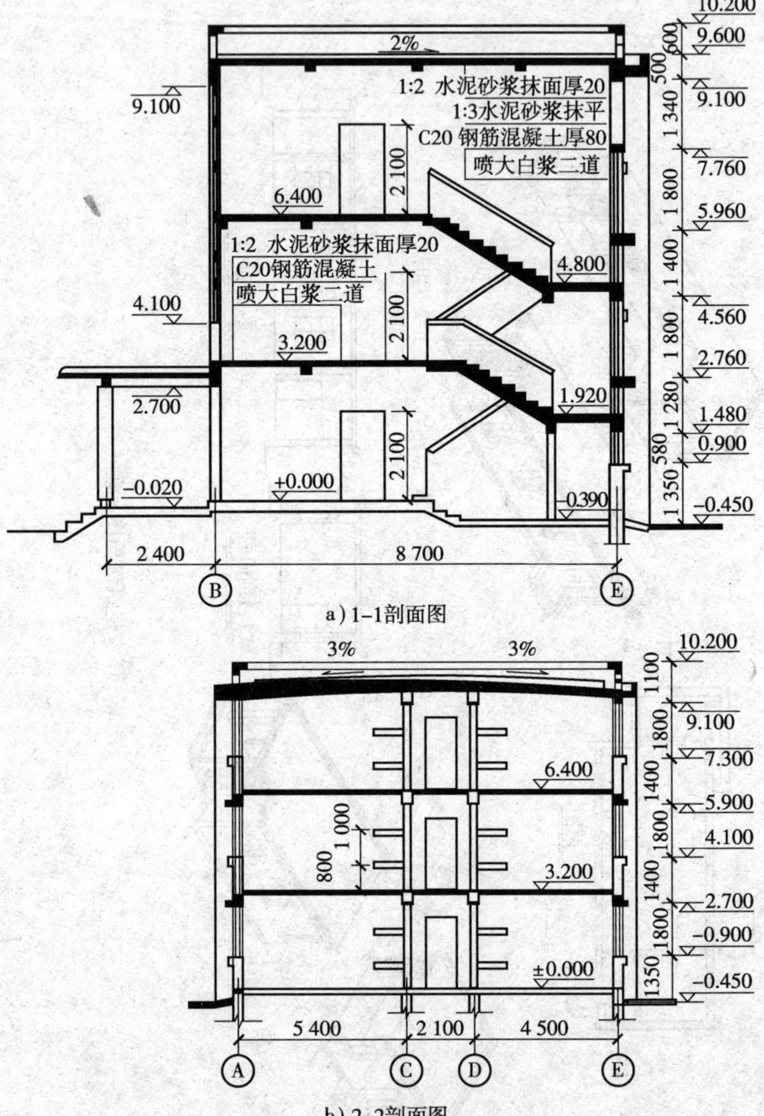

图 2—19　建筑剖面图

a) 1∶50　b) 1∶100

4. 识读剖面图的具体方法（结合图 2—19）

（1）识读剖切符号

剖切位置线和剖视方向线一般标注在底层平面图中，并标注有编号，同时在剖面图下方标注对应编号的图名。

根据房屋的具体情况和施工实际需要确定剖面图的数量。剖切平面一般为横向（即平行于侧面），也可为纵向（即平行于立面），其位置选择在能显露出房屋内部主要的和复杂的构造的地方，一般选择通过门窗洞的位置。剖面图的图名与平面图上标注的剖切线编号对应，如图 2—19 所示的 1—1 剖面图和 2—2 剖面图，把图名和轴线编号与平面图 2—14a 上的剖切线和轴线编号相对照，可知 1—1 剖面图是一个横剖面，剖切面通过楼梯间，2—2剖面削切后向左进行投影。

（2）识读定位轴线

在剖面图中要对应平面图画出所有剖切到墙体的定位轴线及编号，如图 2—19b 中的 A、C、D、E 轴，以便与平面图对照来确定各墙体的位置，从而准确了解房屋的内部空间。

（3）识读尺寸标注

1）识读外部尺寸。在外墙上一般注出两道尺寸：里面一道注出墙身垂直分段尺寸，如勒脚、窗间墙、门窗等的高度尺寸；外面一道注出室内外地坪、窗台、门窗顶、檐口等处的相对标高。注意这些标高与立面图中的标高是一致的。若房屋两侧对称，一般只在一边标注。

2）识读内部尺寸。识读出底层地面、各层楼面及楼梯平台面的标高，以及室内其余部分（如门窗洞、搁板和设备等）的位置和大小的尺寸。

（4）识读其他构造组成及做法

另外，识读剖面图时，还应注意各层楼面标高及窗台、窗上口、雨篷、挑檐等构造的位置及组成，建筑物内墙面、天棚、楼地面的面层装饰，反映构造做法的索引符号及施工说明等，以及墙、柱、梁、楼板、楼梯、屋面等的结构形式。

四、建筑详图的识读

1. 详图的形成

在平面图、立面图、剖面图中，由于采用的比例较小，许多细部构造、尺寸、材料、做法等不可能表示清楚。为了满足施工的需要，将建筑物细部构造及构配件的形状、大小、材料做法等用较大的比例（1∶2～1∶50）按正投影法详细表达出来，形成建筑详图。可以说，建筑详图是建筑平、立、剖面图的补充，它可能是平面图、立面图、剖面图中某一局部的放大，或者是某一部位的局部放大剖面图，也可能是某一建筑节点或某一构件的单独放大图。

2. 详图的分类及图示特点

常见的建筑详图有墙身详图、楼梯详图、厨卫详图、门窗详图、局部构造详图等，具体每项工程涉及详图的种类和数量，主要是根据其房屋的复杂程度和施工实际需要而定。

详图主要是表示房屋局部构造的放大图样，反映各部位构造的详细尺寸、装修做法与装饰材料。

3. 识读详图的步骤及要求

（1）看图名，了解详图编号与平、立、剖面图上索引符号的对应关系。

（2）看标高及构造尺寸，了解详图的详细做法。

（3）看详图的构造层次关系及装修做法。

4. 识读详图的具体方法（结合图2—20、图2—21和图2—22）

这里主要以墙身详图和楼梯详图的识读为例，介绍识读详图的方法。

（1）识读墙身详图

如图2—20所示，墙身详图实际上是建筑剖面图的局部放大图，它表示房屋的屋面、楼面、地面和檐口构造、楼板与墙的连接、门窗顶、窗台和勒脚、散水等处构造的情况。

10.200
20
80
20
20
80
600
250
X1202
2
5
9.600
3%
20
180
40
500
480
60
180高架空层
二毡三油防水层
20厚水泥砂浆找平层
120厚预制空心楼板
砌坡3%
喷大白浆2道
9.100
1800
(7.300)
4.100
30 60 20
60
120
20厚水泥砂浆抹面层
120厚预制空心楼板
喷大白浆2道
水刷石
1400
(6.400)
3.200
120 20
白水泥粉刷
20 60 120
(5.900)
2.700
1800
白水泥粉刷
0.900
水刷石
150高1:2.5
水泥砂浆踢脚板
960
防潮层
± 0.000
-0.600
120
120
480
390
20厚水泥砂浆抹面层
2%
-0.450
70厚C15混凝土
素土夯实
A
E
3–3 剖面图 1:20

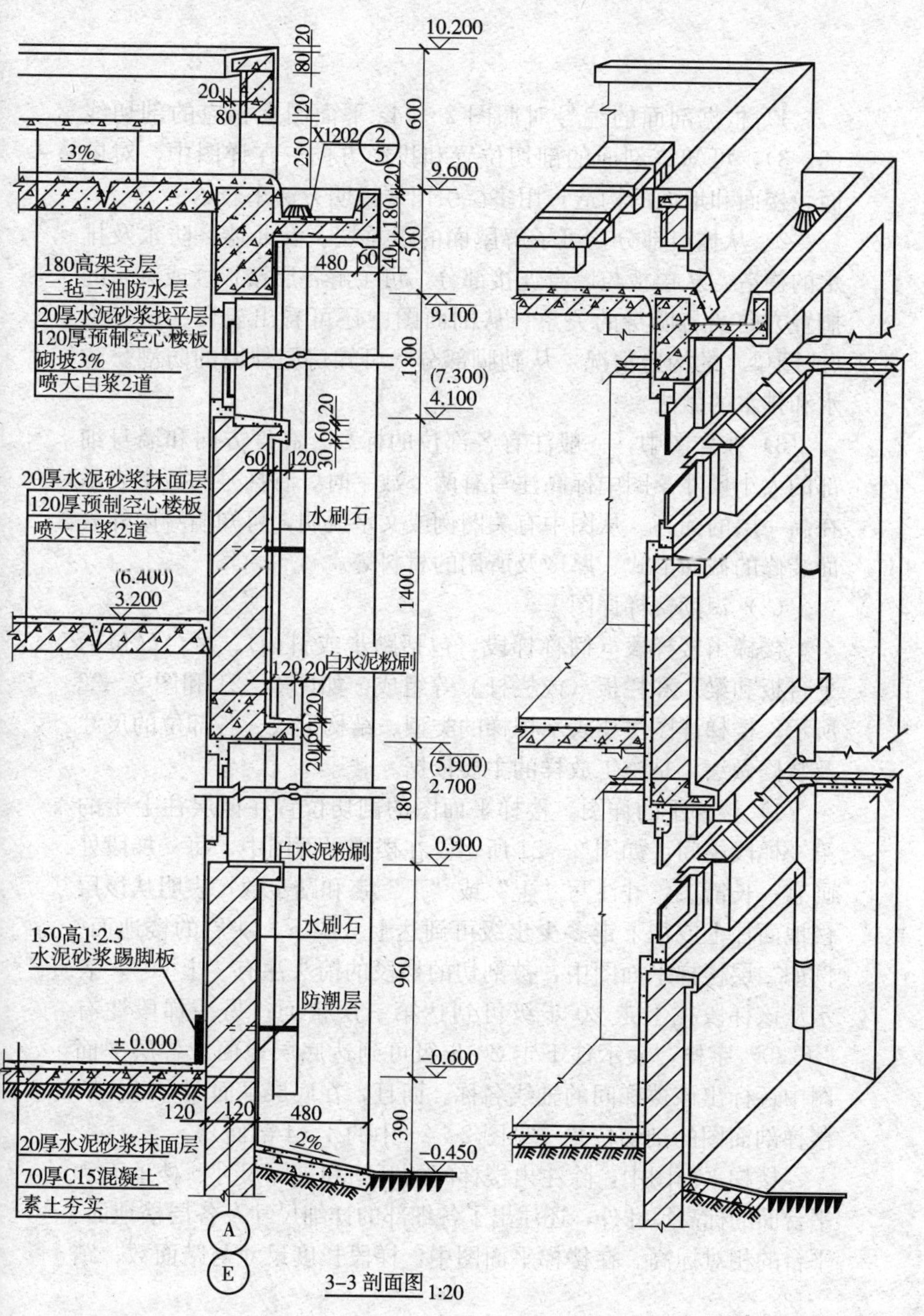

图 2—20 外墙剖面详图

1）根据剖面的编号对照图 2—14a 平面图上相应的剖切线（3—3），可知该剖面的剖切位置和投影方向。在详图中，对屋面、楼面和地面的构造，用多层引出线说明方法来表示。

2）从檐口部分，可了解屋面的承重层、女儿墙、防水及排水的构造。从楼板与墙身连接部分，可了解各层楼板（或梁）的搁置方向及与墙身的关系。从剖面图中还可看出窗台、窗过梁（或圈梁）的构造情况。从勒脚部分，可知房屋外墙的防潮、防水和排水的做法。

3）在详图中，一般注有各部位的标高、高度方向和墙身细部的大小尺寸。图中标高注写有两个数字时，有括号的数字表示在高一层的标高。从图中有关图例或文字说明，可知墙身内外表面装修的截面形式、厚度及所用的材料等。

（2）识读楼梯详图

楼梯由楼梯段（简称梯段，包括踏步或斜梁）、平台（包括平台板和梁）和栏板（或栏杆）等组成，如图 2—21 和图 2—22 所示。楼梯详图主要表示楼梯的类型、结构形式、各部位的尺寸及装修做法，是施工放样的主要依据。

1）楼梯平面详图。楼梯平面图的剖切位置在该层往上走的第一梯段中间，如图 2—21 所示。在楼梯平面图中，每一梯段处画有一长箭头，并注写“上”或“下”字和踏步数，表明从该层楼地面往上或往下走多少步级可到达上（或下）一层的楼地面。例如二层楼梯平面图中，被剖切的梯段的箭头注有“上 20”，表示从该梯段往上走 20 步级可到达第三层楼面；另一梯段注有“下 20”字样，表示往下走 20 步级可到达底层地面。各层平面图中还标出该楼梯间的轴线名称。而且，在底层平面图中还注明楼梯剖面图的剖切位置（见图 2—21 中的 4—4 剖面）。

楼梯平面图中，除注出楼梯间的开间和进深尺寸、楼地面和平台面的标高尺寸外，还注出了各细部的详细尺寸及各层楼地面、平台的相对标高。在楼梯平面图中，梯段长度尺寸与踏面数、踏面宽的尺寸合并写在一起。如底层平面图中的11×260 mm＝2 860 mm，表示该梯段有 11 个踏面，每一踏面宽为 260 mm，梯段长为 2 860 mm。

读图时，要掌握各层平面图的特点。底层平面图只有一个被剖切的梯段及栏板，并注有“上”字的长箭头。顶层平面图由于剖切平面在安全栏板之上，在图中画有两段完整的梯段和楼梯平台，在梯口处只有一个注有“下”字的长箭头。中间层平面图既画出被剖切的往上走的梯段（注有“上”字的长箭头），还画出该层往下走的完整的梯段（注有“下”字的长箭头）、楼梯平台以及平台往下的梯段。这部分梯段与被剖切的梯段的投影重合，以 45°折断线为分界。各层平面图上所画出的每一分格，表示梯段的一级。但因梯段最高一级的踏面与平台面或楼面重合，所以平面图中每一梯段画出的踏面数，总比步级数少一个。如顶层平面图中往下走的第一梯段共有 10 级，如图 2—21 所示，但在平面图中只画有 9 格，梯段长度为 9×260 mm＝2 340 mm。

2）楼梯剖面详图。假想用一铅垂面（见图 2—21 中的 4—4剖面），通过各层的一个梯段和门窗洞，将楼梯剖开，向另一未剖到的梯段方向投影所作的剖面图，称为楼梯剖面图，如图 2—22 所示。它完整清晰地表示了各梯段、平台、栏板等的构造情况及相互关系。在多层房屋中，若中间各层的楼梯构造相同，剖面图只画出底层、中间层和顶层剖面，中间用折断线分开。

楼梯剖面图能表示出房屋的层数、楼梯梯段数、步级数以及楼梯的类型及其结构形式。如第一梯段的尺寸为 12×160 mm＝1 920 mm，表示该梯段为 12 级，每级高度为 160 mm。

从图中的详图索引可知，踏步、栏板和扶手都另有详图画在第 16 张图纸上。

顶层平面图1:50
4.800
400
120
120
9×260=2340
9×260=2340
1380
120
120
6.400
下20
顶层楼面
6.400
4.800
二层平面图1:50
1.920
9×260=2340
7×260=1820
下20
3.200
上20
400
二楼楼面
3.200
1.920
底层平面图1:50
1050
1050
1050
M5
120
−0.390
1740
1380
300
300
520
120
下3
±0.000
上20
4500
11×260=2860
120
1600
1760
3600
底层地面
±0.000

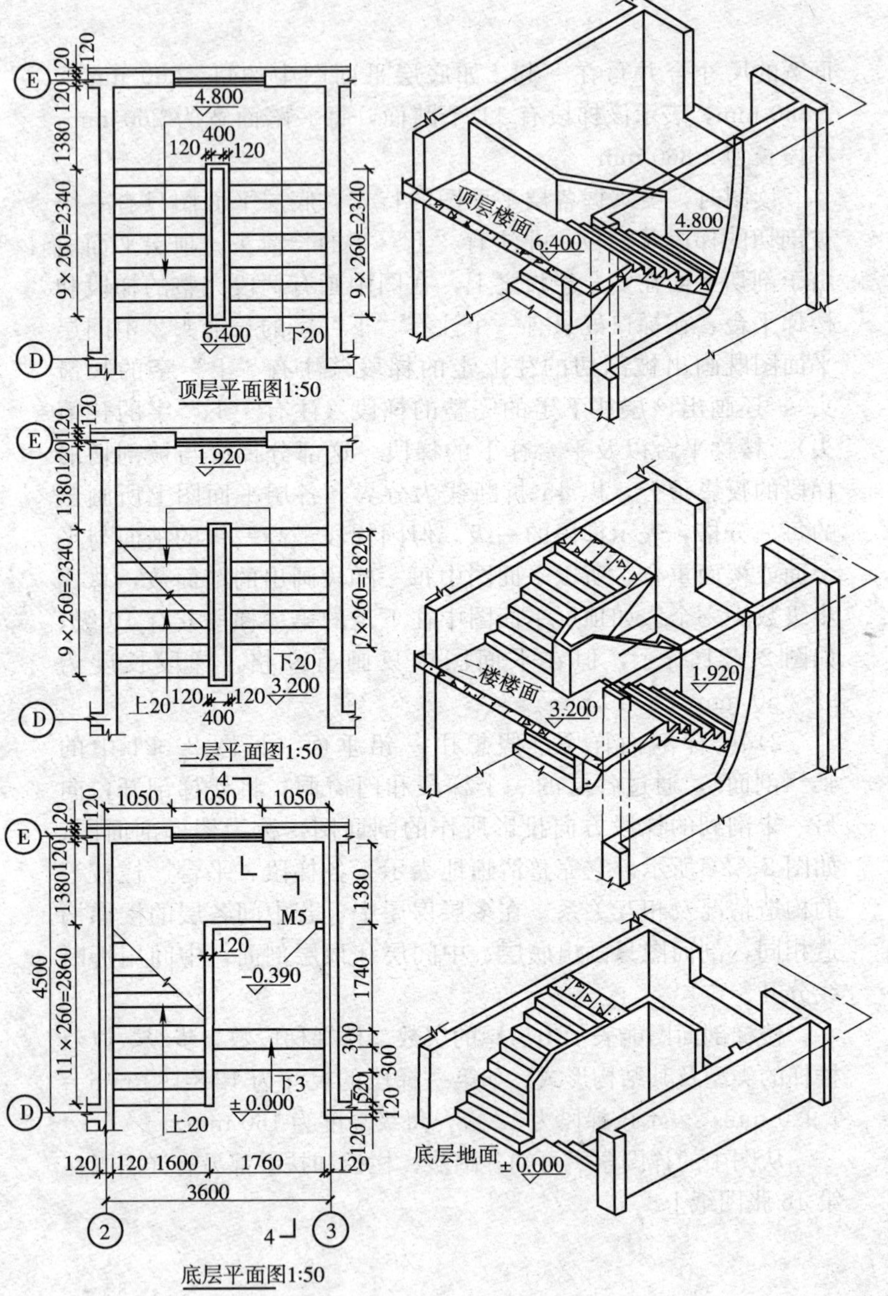

图 2—21　楼梯平面详图

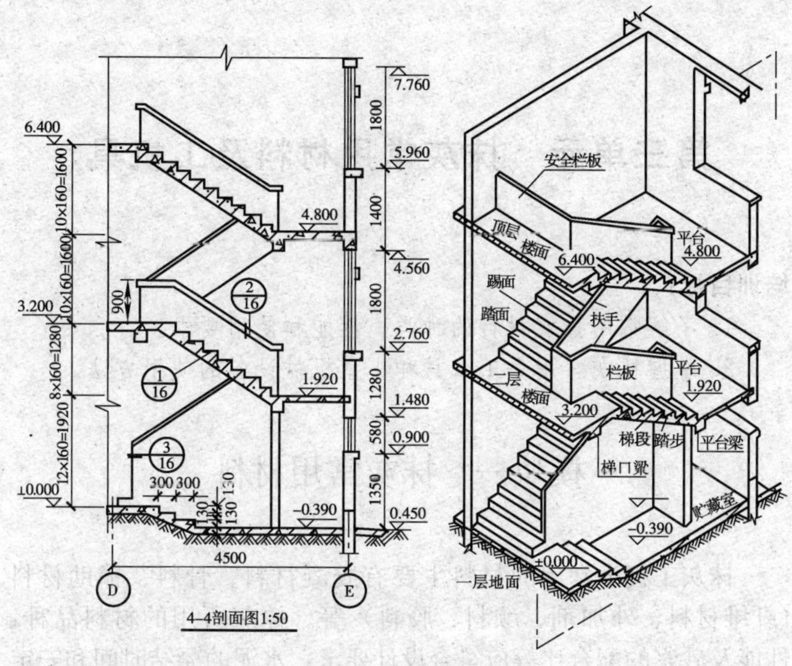

图 2—22　楼梯剖面详图

五、建筑施工图识读的一般方法

识读一整套建筑施工图，一般来说先“图标”后“图样”；先“平面图、立面图、剖面图”后详图；先“图样”后“文字”；从整体到局部，从大范围到小范围等。但在识读中，这些步骤并不是孤立进行，而是要交叉进行。

第三单元　抹灰常用材料及工机具

培训目标：

1. 了解常用抹灰材料的种类、性能和使用要求。
2. 掌握抹灰常用手工工具和小型机械设备的使用方法。

模块一　抹灰常用材料

抹灰工程中常用的材料主要有胶凝材料、骨料、辅助材料（纤维材料、外加剂、颜料、胶料）等。抹灰所用的材料品种、性能及砂浆的配合比等应符合设计要求，水泥的凝结时间和安定性现场抽样复检应合格。

一、胶凝材料

胶凝材料通过其自身的物理化学作用后，能够由浆体变成固体并在变化过程中把一些散粒材料或块状材料胶结成具有一定强度的整体的材料。抹灰工程中常用的胶凝材料有水泥、石灰、石膏等，以下分别介绍。

1. 水泥

水泥呈粉末状，不仅能在空气中硬化，而且与水拌和后形成浆状，经过一系列的物理化学作用后就会凝结硬化，并产生强度，且强度在凝结硬化过程中持续增长。

（1）水泥的品种

水泥的品种很多，抹灰工程中常用的有一般水泥和装饰水泥两种。一般水泥有硅酸盐水泥、普通硅酸盐水泥、矿渣硅酸盐水泥、火山灰质硅酸盐水泥、粉煤灰硅酸盐水泥和复合硅酸盐水泥。装饰水泥有白色硅酸盐水泥和彩色的硅酸盐水泥。装饰水泥的性能、施工和养护方法均与硅酸盐水泥相同，但极易被污染，使用时应注意防止被其他物质污染，搅拌工具必须干净。

（2）水泥的主要技术性能

水泥的技术性能主要包括强度、体积安定性、凝结时间等。

1）强度。常用水泥的强度等级、特点和适用范围见表 3—1。

表 3—1　常用水泥的主要性能及适用范围

项目		硅酸盐水泥	普通水泥
代号		P.Ⅰ P.Ⅱ	P.O
强度等级		42.5、52.5、62.5、 42.5R、52.5R、62.5R	32.5、42.5、52.5、 32.5R、42.5R、52.5R
特点	优点	1. 早期强度高 2. 凝结硬化快 3. 抗冻性好 4. 耐磨性好	1. 早期强度高 2. 凝结硬化快 3. 抗冻性较好 4. 耐磨性较好
	缺点	1. 水化热高 2. 耐热性差 3. 耐酸碱和抗硫酸盐的化学侵蚀性差	1. 水化热较高 2. 抗水性差 3. 耐热性稍好 4. 耐酸碱和抗硫酸盐的化学侵蚀性差
应用		钢筋混凝土结构、预应力混凝土工程	应用最广

2）体积安定性。水泥在硬化过程中其体积变化的均匀程度称为安定性。安定性不好的水泥，其试件在凝结硬化过程中就会出现龟裂、变曲、松脆、崩溃等现象。

3）凝结时间。水泥的凝结时间是准确掌握施工进度和工程质量不可缺少的依据之一，分为初凝时间（即水泥加水拌和形成可塑性浆体，经本身物理化学变化，逐渐变稠失去塑性的时间）和终凝时间（即水泥浆体开始具有强度的时间）。为了保证砂浆有足够的时间搅拌、运输、涂抹等，水泥的初凝时间不能过短，终凝时间不能太长，国产硅酸盐类水泥初凝时间通常为1～3 h，终凝时间为5～8 h。

（3）水泥的储存

水泥可以袋装，也可以散装。袋装水泥每袋净重50 kg，检验时不得少于标示质量的98%，随机抽取20袋总质量不得少于1 000 kg。水泥进场必须有出厂合格证和检验报告。水泥在运输和储存时不得受潮和混入杂物，不同品种和强度等级的水泥应分别储运，不得混杂，应储存在干燥、通风并且避雨防潮的空间内。水泥储存期一般不宜超过3个月，存放3个月后，其强度将降低10%～20%，存放时间越长，强度降低越多。过期水泥要重新检验，确定其强度等级后方可使用。

（4）水泥的选用

1）地面抹灰的水泥砂浆宜选用硅酸盐水泥、普通硅酸盐水泥，其强度等级不应小于42.5级。

2）一般抹灰工程宜采用普通硅酸盐水泥、矿渣硅酸盐水泥、复合硅酸盐水泥或粉煤灰硅酸盐水泥，其强度等级不应小于32.5级。

3）水磨石地面面层抹灰：白色或浅色的水磨石面层应采用白色硅酸盐水泥，深色的水磨石面层宜采用硅酸盐水泥、普通硅酸盐水泥或矿渣硅酸盐水泥，其强度等级不应小于42.5级。

4）不合格的水泥不得使用，不同品种的水泥不得混用。

2. *石灰*

石灰是一种只能在空气中凝结硬化，并能长久保持强度或继续提高强度的材料。生产石灰的石灰石分布很广，生产简单，使用方便，成本低廉，性能良好，在我国建筑工程中被广泛使用。

（1）石灰的分类

石灰分为生石灰、生石灰粉、消石灰粉、石灰膏等多个种类。

1）生石灰是岩石煅烧后的块状石灰，极易吸收空气中的水熟化。建筑生石灰按品质分为优等品、一等品、合格品。块状生石灰存放时间不宜超过 1 个月。储存生石灰时要注意防火。生石灰使用前加水熟化，消解为熟石灰，称为淋灰。淋制时，先在化灰池（见图 3—1）中放入足够的水（石灰质量的 2.5～3 倍），再将生石灰倒入淋灰池中熟化，用齿耙在池中搅拌，用孔径 3 mm×3 mm 的筛子将稀浆过滤，再放入沉淀池中陈伏。

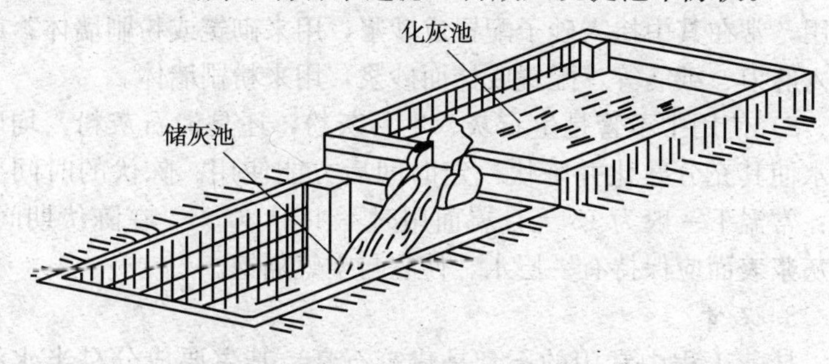

图 3—1　化灰池

2）生石灰粉是将生石灰研磨过筛制成的，一般用袋装运输。建筑生石灰粉按品质分为优等品、一等品和合格品三个等级。

3）消石灰粉是将生石灰加水熟化加工制成的，按品质也分为优等品、一等品和合格品三个等级。

4）石灰膏是将生石灰加水熟化并过滤，在沉淀池中沉淀（二周左右）并除去上层水分而成的。1 kg 生石灰可化成 1.5～3 L石灰膏。用石灰膏拌制的砂浆，具有较好的和易性（即易于各工序施工操作，并能获得质量均匀、成型密实的性能），因此广泛应用于抹灰工程中，可配制成石灰砂浆、混合砂浆、麻刀石灰和纸筋石灰等。使用时，石灰膏内不得含有未熟化的颗粒和其他杂质。

（2）石灰的特性

1）具有良好的保水性。

2）凝结硬化慢、强度低。

3）吸水性、吸湿性强，在运输、保存过程中应特别注意防水防潮。存放期也不宜过长，一般最好不超过一个月。

4）体积收缩大。

5）耐水性差，不宜用于潮湿环境或易受水浸泡的部位。

（3）石灰应用时的注意事项

1）石灰硬化后的体积收缩且强度不高。石灰一般不宜单独使用，常在其中掺入砂子配置成砂浆，用来砌筑或粉刷墙体；或掺入麻刀、纸筋等，配置成抹面砂浆，用来粉刷墙体。

2）使用中不管是生石灰、生石灰粉，还是消石灰粉，均应加水使其充分熟化并陈伏一定时间后方能使用。陈伏的时间要求：常温下一般为15天，罩面用时不少于30天。在陈伏期间，石灰浆表面应保持有一层水，使它与空气隔绝。

3. *石膏*

抹灰工程中常用的石膏是建筑石膏，其主要成分是半水石膏。建筑石膏与适当的水混合，最初成为可塑的浆体，但很快就失去塑性，并逐渐产生强度并不断增大，直到完全干燥为止。

建筑石膏凝固速度比石灰要快得多，国家标准规定，其初凝时间掺水后不小于6 min，终凝时间不超过30 min。为便于施工，常加入缓凝剂（如胶水、明矾水等），还可以加入各种颜料。

建筑石膏硬化后强度较低，密度较小，导热性较差。

建筑石膏凝固时体积微膨胀，其膨胀率为0.5%～1%，硬化时不产生裂缝。

建筑石膏防火性好（但耐火性差），故常用做装饰材料，如各种不同规格、不同颜色的石膏板等。

建筑石膏有很强的吸湿性、耐水性和抗冻性都差，在潮湿的环境中晶体的黏结力削弱，强度显著降低，遇水晶体溶解而引起破坏，吸水受冻后，将因孔隙中水分结冻而崩裂，故不宜在室外工程中使用。

4. 亚黏土

在抹灰工程中也常用亚黏土作为胶凝材料，同时，亚黏土也可以作为一定的掺和料使用，使用前，亚黏土应过筛，并加水浸透。

二、骨料

骨料在混凝土中主要起骨架作用，可抑制混凝土的收缩，减少水泥用量，提高混凝土的强度和耐久性。抹灰工程用的骨料应颗粒坚硬、洁净、不含风化的石粒及其他有害物质。骨料使用前应冲洗过筛，按颜色规格分类堆放。

1. 砂子

砂子是由岩石在风化等自然力作用下形成的，粒径在4.75 mm以下的岩石颗粒。按产地不同有山砂、河砂、海砂之分，按平均粒径又可分为粗砂、中砂、细砂和特细砂。抹灰工程中常用中砂，不宜采用特细砂。

砂子主要用来配制砂浆，砌筑或粉刷墙体。抹灰施工时，要求砂的含泥量不得超过3%，所以使用前应过筛并用清水冲洗干净。

2. 石粒

石粒又称“石米”“色石渣”“色石子”，是由天然大理石、白云石、方解石、花岗石以及其他天然石材破碎加工而成的。它具有各种色泽，因而在抹灰工程中多用于制作水刷石、干粘石、斩假石、水磨石的骨料。彩色石粒的品种、规格及质量要求见表3—2。

表3—2　　彩色石粒的规格、品种及质量要求

规格与粒径的关系		常用品种	质量要求
规格俗称	粒径（mm）		
大二分 一分半 大八厘 中八厘 小八厘 米粒石	约20 约15 约8 约6 约4 0.3～1.2	汉白玉、奶油白、黄花玉、桂林白、雪云、东北红、东北绿、丹东绿、盖平红、粉黄绿、玉泉灰、旺青、晚霞、白云石、云彩绿、红王花、竹根霞、苏州黑、南京红、雪浪、松香石、墨玉等	颗粒坚韧，有棱角、洁净，不得含有风化的石粒、黏土、碱质及其他有机物等有害杂质。使用时应冲洗过筛

3. 石屑

石屑是粒径比石粒更小的细骨料，主要用于配制外墙喷涂饰面的聚合物砂浆，常用的有松香石屑、白云石屑等。

三、辅助材料

抹灰工程中使用的辅助材料主要有纤维材料、胶料、外加剂、颜料等。

1. 纤维材料

抹灰工程中使用的纤维材料有麻刀、纸筋、玻璃丝等，主要起骨架和拉结作用，可提高抹灰层的抗拉强度、弹性和耐久性，保证抹灰罩面层不易发生裂缝和脱落。

（1）麻刀

麻刀为白麻丝，以均匀、坚韧、干燥、不含杂质、洁净为好，一般要求长度为2～3 cm，随用随打松散，每100 kg石灰膏掺入1 kg麻刀，经加水搅拌均匀，即可成为麻刀灰。

（2）纸筋

常用粗草纸泡制，有干纸筋和湿纸筋之分。干纸筋在使用前先将纸筋撕碎，除去尘土后泡在清水桶内浸透，然后再捣烂，按每100 kg石灰膏内掺入2.75 kg的比例倒入淋灰池内，使用时用3 mm孔筛过筛成纸筋灰。纸筋未捣烂之前不允许掺和石灰膏，以免罩面层留有纸粒（蚬肉粒）。湿纸筋使用时应先用清水浸透，每50 kg石灰膏掺入1.45 kg纸筋搅拌均匀，使用时也需要用3 mm孔筛过筛。

（3）玻璃纤维

将玻璃丝切成10 mm长左右，每100 kg石灰膏掺玻璃丝200～300 g，搅拌均匀成玻璃丝灰。玻璃丝耐热、耐腐蚀，抹出的墙面洁白光滑，而且价格便宜，但操作时需防止玻璃丝刺激皮肤，应注意劳动保护。

2. 胶料

抹灰工程中常用的胶料有聚乙烯醇缩甲醛（107胶）、聚醋酸乙烯乳液（白乳胶）、胶粘剂等。

（1）聚乙烯醇缩甲醛（107 胶）

一种无色水溶性胶粘剂，是常用的较经济适用的有机聚合物。抹灰时在素水泥浆中掺入适量的 107 胶，既便于涂刷，又能改善涂层的性能，增加涂层与基层之间的黏结力，不易产生爆皮或脱落；可提高涂层的柔韧性，减少开裂现象；粉刷时也不会粉酥掉面，且能改善和提高面层的强度。107 胶对铁有腐蚀作用，受热受冻均会失效，因此只宜用塑料制品储运，且储运时间不宜太长。107 胶在使用时掺量不宜超过水泥质量的 40%。

（2）聚醋酸乙烯乳液（白乳胶）

乳白色稠厚液体，其固量为 50%±2%，pH 值为 4～6。可用水对稀，但稀释不易超过 100%，不能用 10℃以下的水对稀。

（3）胶粘剂

胶粘剂应根据对接材料品种来选择。一般可选用建筑多用黏结剂、YJ 建筑胶粘剂、4115 胶粘剂、145 建筑胶粘剂、高级建筑胶等，使用时必须遵守产品说明的各项要求。

3. 外加剂

（1）甲基硅醇钠

甲基硅醇钠是一种增水剂，有防水、防污染、防风化等作用。而且能提高饰面的耐久性，它主要用于聚合物砂浆喷涂、弹涂的外墙面上。使用时要用清水稀释，操作时喷刷均可，以只湿不流淌为度，3%浓度的溶液用量以 400 g/m² 为宜。用量过多表面会有白色粉末，影响饰面色泽均匀。粉刷后要做好保护措施，在24 h内不能淋雨，否则需要重新喷刷一遍。在配制和使用时，因其对皮肤及衣物有一定的腐蚀作用，要戴好防护用品。

（2）分散剂

一般采用木质素磺酸钠，为棕色粉末，将其掺入聚合物水泥砂浆中，可减少用水量，并可以使水泥水化时产生氢氧化钙，均匀分散，减轻析于出于表面的趋势，能有效地克服面层颜色不均匀现象。

（3）增韧剂

一般采用甲基纤维素，为白色絮状物，易溶于水，使用时一般兑成 2%羧甲基纤维素溶液，将此溶液加入乳胶腻子中，能提高腻子的黏结度。

4. 颜料

为增加装饰的艺术效果，常在抹灰砂浆中掺入适量颜料。掺颜料的砂浆，一般用在室外抹灰工程中，如人造大理石、假面砖、喷涂、弹涂、滚涂和彩色砂浆。抹灰工程中常用的颜料有矿物颜料和无机颜料，且要求颜料有较高的磨细度和着色力，特别是外粉刷用的颜料，必须耐光耐碱，不得含有石膏、白垩、盐类、酸类、腐殖土及碳质等物。为保证饰面质量，延长使用年限，在施工时必须选择好颜料，以免褪色和变色，影响装饰效果。

模块二　抹灰常用工机具

一、抹灰常用手工工具

1. 抹子

（1）铁抹子（见图 3—2a）

铁抹子也称铁板，一般用于抹底子或抹水刷石、水磨石面层。

（2）钢皮抹子

钢皮抹子与铁抹子外形相同，但比较薄、弹性较大，适用于抹水泥砂浆面层和地面压光。

（3）塑料抹子（见图 3—2b）

塑料抹子采用聚乙烯硬质塑料做成，适用于纸筋灰面层的压光。

（4）木抹子（见图 3—2c）

木抹子又称木蟹，用红白松木制作而成，适宜于砂浆的搓平压光。

（5）压子（见图 3—2d）

一般适用于压光水泥砂浆面层及纸筋灰等罩面。

（6）阴角抹子（见图 3—2e）

阴角抹子也称阴抽角器，适用于阴角压光。分为尖角和小圆角两种。

（7）阳角抹子（见图 3—2f）

阳角抹子也称阳抽角器，适用于压光阳角和护角线。分为尖角和小圆角两种。

（8）圆阴角抹子（见图 3—2g）

圆阴角抹子也称沟铁板，适用于水池阴角和阴沟压光。

（9）圆阳角抹子（见图 3—2h）

圆阳角抹子适用于楼梯踏步防滑条的捋光压实。

（10）捋角器（见图 3—2i）

捋角器适用于捋水泥抱角和作护角。

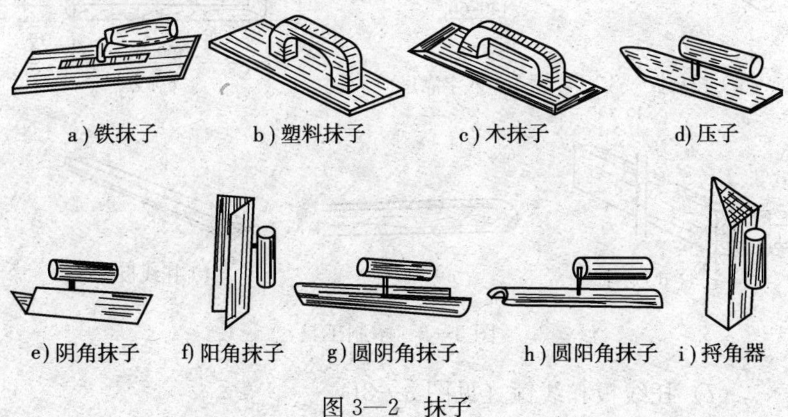

a）铁抹子　b）塑料抹子　c）木抹子　d）压子　e）阴角抹子　f）阳角抹子　g）圆阴角抹子　h）圆阳角抹子　i）捋角器

图 3—2　抹子

2. 木制工具

（1）水平尺

水平尺用来检查墙面水平度。

（2）托灰板（见图 3—3a）

用于抹灰时承托砂浆。

（3）八字靠尺（见图 3—3b）

也称引条，一般作为棱角的依据，其长度按需要截取。

（4）方尺（见图 3—3c）

也称拐尺或兜尺，适用于测量阴阳角的方正。

（5）木杠（见图 3—3d）

分为长、中、短 3 种，长木杠为 2 500～3 500 mm，一般用于冲筋，中木杠为 2 000～2 500 mm，短木杠为 1 500 mm 左右，用于刮平地面或墙面的抹灰层，木杠断面一般为矩形。

（6）刮尺（见图 3—3e）

断面操作的一边为平面，另一边为弧形。

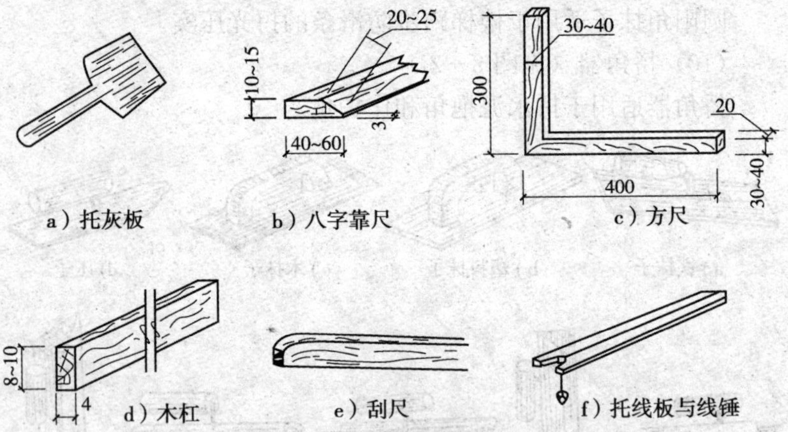

图 3—3　木制工具

（7）托线板和线锤（见图 3—3f）

主要用于测量立面和阴阳角的垂直度，常用规格为15 mm×120 mm×2 000 mm，板中间有一条标准线。

（8）分格条

用于分格缝和滴水槽，断面呈梯形，断面尺寸及长度视需要而定。

3. 勾缝工具

抹灰用勾缝工具主要有短溜子、抿子和长溜子，如图 3—4 所示。

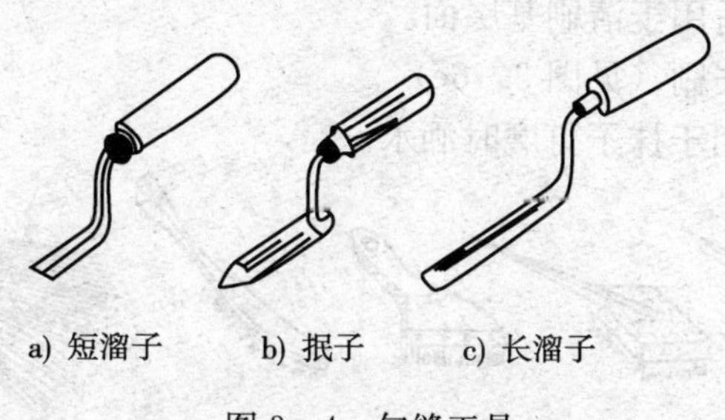

a) 短溜子　　b) 抿子　　c) 长溜子

图 3—4　勾缝工具

4. 搅拌工具

砂浆拌和有机械拌和及人工拌和两种，人工拌和常用工具有灰镐、灰叉子、灰耙和筛子，如图 3—5 所示。筛子常用孔径有 10 mm、8 mm、5 mm、3 mm、1.5 mm、1 mm 等。

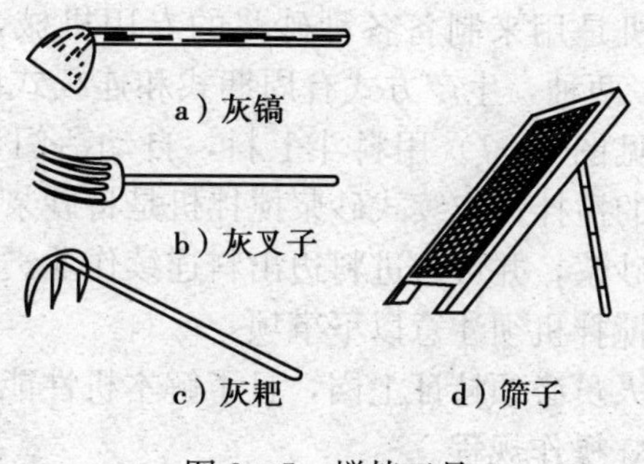

a）灰镐　b）灰叉子　c）灰耙　d）筛子

图 3—5　搅拌工具

5. 刷子

（1）长毛刷（见图 3—6a）

长毛刷又称软毛刷子，在室内外抹灰时洒水用。

（2）猪棕刷（见图 3—6b）

猪棕刷适用于水刷石、拉毛灰。

（3）鸡腿刷（见图 3—6c）

艰腿刷适用于阴角处和长毛刷子刷不到的地方。

（4）钢丝刷（见图 3—6d）

钢丝刷适用于清刷基层面。

（5）茅柴刷（见图 3—6e）

茅柴刷用于抹子打磨时洒水。

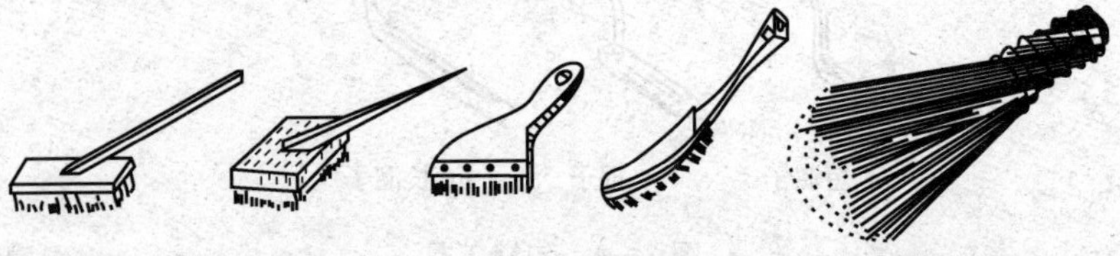

a) 长毛刷　b) 猪棕刷　c) 鸡腿刷　d) 钢丝刷　e) 茅柴刷

图 3—6　抹灰常用刷子

二、抹灰常用小型机械设备

1. 砂浆搅拌机

砂浆搅拌机是用来制备各种砂浆的专用机械，常用规格为 200 L 和 325 L 两种，生产方式有周期式和连续式两种。周期式砂浆搅拌机（见图 3—7）用料斗上料，自动活门出料，适用于大量抹灰砂浆的搅拌；连续式砂浆搅拌机是将砂浆搅拌均匀后推到出料口排出砂浆，并可边进料边出料连续作业。

使用砂浆搅拌机须注意以下事项：

（1）操作人员必须持证上岗，且了解本机性能和构造，熟悉操作方法，严守操作规程。

（2）机械必须安放在土质坚硬平整的地方，在出料一侧的土

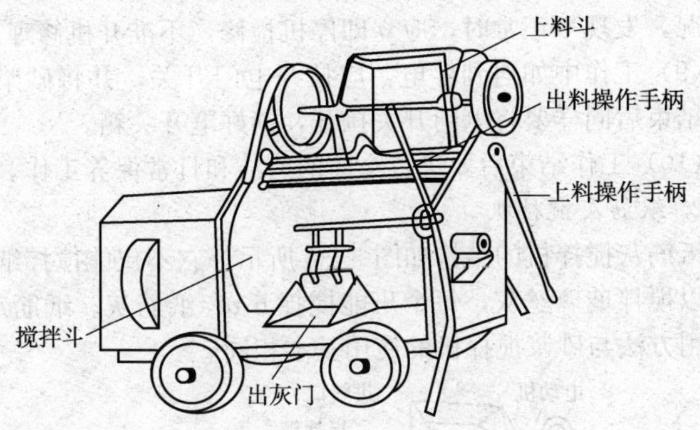

图 3—7 周期式砂浆搅拌机

质应坚硬或夯实，以防出料时长期单面承受压力使机械倾倒，同时也要考虑施工方便。

（3）传动带轮和齿轮必须设有防护罩。

（4）使用前应仔细检查搅拌叶片是否有松动现象，发现有松动应及时紧固搅拌叶片螺栓，否则易打坏拌筒甚至卡弯转轴发生事故。

（5）使用前应检查各润滑处的润滑情况，要确保机械有充分的润滑，确保电动机温度不超过铭牌规定值，且保持电动机和轴承温度不高于 60℃为宜。

（6）使用前应检查电气线路连接、开关接触情况是否良好，检查接地装置或电动机的接零是否良好，三角传动带的松紧是否合适，进出料装置的操纵是否灵活和安全，发现问题应及时处理。

（7）使用时要在正常转速下加料，加料量不能超过规定容量，严格防止粗石块或铁棒等其他物件落入拌筒内，不准用木棍或其他工具去拨、翻拌筒中的材料，中途停机前必须将拌筒中材料倒出来，以免增加下次启动的负荷。

（8）工作中应经常注意电动机的温度，齿轮及搅拌叶片的运动情况，发现不正常时，应立即停机检修，不准开机修理。

（9）工作中如遇到停电，应拉开电门开关，并将砂浆倒出，工作结束后同样要将电门开关拉开，锁好电开关箱。

（10）工作结束后要进行全面的清洁和日常保养工作。

2. 纸筋灰搅拌机

纸筋灰搅拌机的结构如图 3—8 所示，它不仅能搅拌纸筋灰，还可以搅拌玻璃丝灰，每个班能搅拌 6 m^3 纸筋灰。纸筋灰搅拌机使用方法与砂浆搅拌机的使用基本相同。

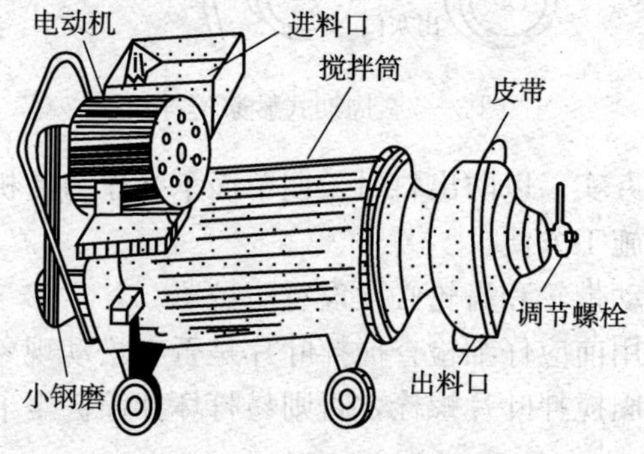

图 3—8　纸筋灰搅拌机

3. 淋灰机

淋灰机是用来淋制石灰膏的机械，常见的有粉碎式淋灰机和鼓筒式淋灰机。图 3—9 所示为鼓筒式淋灰机的结构。

淋灰机在使用时必须有水才能工作，操作时一边放生石灰一边加水，石灰通过机械搅拌碎后形成石灰水和残渣，石灰水入洗灰池，残渣自动排除。

4. 地面磨石机

地面磨石机有单盘和双盘两种，图 3—10 所示为单盘磨石机。单盘磨石机由电动机通过减速箱带动旋转的磨石转盘，转盘底部装有 2～3 套磨石夹具，能夹牢 2～3 块三角磨石，当转盘旋转时，带动磨石工作，同时由供水管向磨石喷注清水，进行冷却。

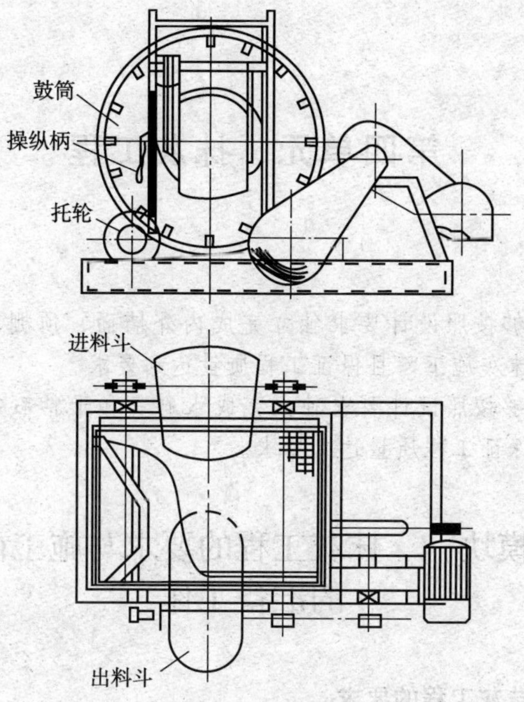

图 3—9　鼓筒式淋灰机结构图

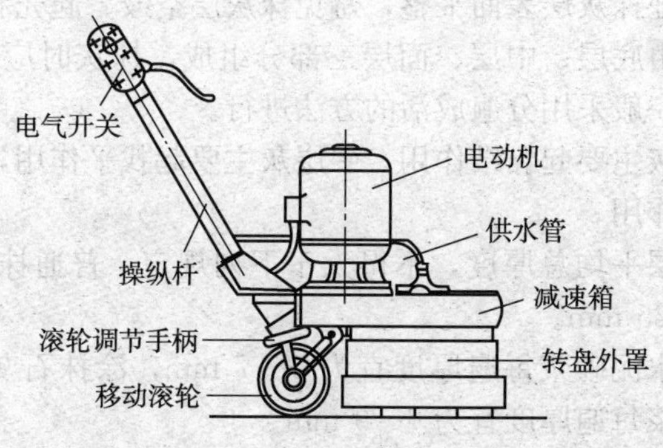

图 3—10　单盘磨石机的外形

第四单元　抹灰工程

培训目标：

1. 能够按照设计要求独立完成内外墙面、顶棚、楼地面和细部一般抹灰施工，且保证工程质量达到要求。

2. 能够按照设计要求独立完成水刷石和干粘石等装饰抹灰施工，且保证工程质量达到要求。

模块一　抹灰工程的要求与施工前的准备工作

一、抹灰工程的要求

1. 分层抹灰及其基本要求

为保证抹灰层表面平整，避免抹灰层空鼓、起壳和裂缝，抹灰层一般由底层、中层、面层三部分组成，抹灰时应分层操作，各层抹灰一般采用分遍成活的方法进行。

底层灰主要起黏结作用，中层灰主要起找平作用，面层灰主要起装饰作用。

抹灰层平均总厚度，不得大于下列规定：普通抹灰18 mm；高级抹灰 25 mm。

涂抹水泥砂浆每遍厚度宜为 5～7 mm，涂抹石灰砂浆和水泥混合砂浆每遍厚度宜为 7～9 mm。

面层抹灰经赶平压实后的厚度，麻刀石灰不得大于 3 mm，纸筋石灰、石膏灰不得大于 2 mm。

纸筋石灰、麻刀石灰、石膏灰仅能作面层灰，宜做在水泥石灰砂浆、石灰砂浆、水泥膨胀珍珠岩浆等中层灰上。

水泥砂浆不得涂抹在石灰浆层上。

2. 墙面抹灰分层做法及其施工要求（见表 4—1）

表 4—1　　墙面抹灰分层做法及其施工要求

名称	适应范围	分层做法	厚度（mm）	施工要求
混合砂浆抹灰	砖墙基层	①1∶3 石灰砂浆或石灰石屑或 1∶2.5 石灰炉渣打底 ②在基层还潮湿时刮石灰膏	13 1	①刮石灰膏 3 h 后再压实抹光一遍 ②如用电石膏代替石灰膏，底子灰可用 3∶7～5∶5（石灰膏∶电石膏）混合灰膏，面层用 2∶8 混合灰膏 ③石屑以 0.3～0.5 mm 粒径为宜
		①1∶3 石灰砂浆打底 ②1∶1 石灰锯木屑（或谷壳）抹面	12 10	①锯木屑过 5 mm 孔筛，使用前石灰膏与锯木屑拌和均匀，经 24 h 钙化锯木屑纤维软化 ②适用于有吸音要求的房间
		①1∶3 石灰砂浆打底 ②待底子稍干，用 1∶1 石灰砂浆随抹随搓平压光	13	
		1∶1∶3∶5（水泥∶石灰膏∶砂子∶锯木屑）分两遍成活，木抹子搓平	15～18	①适用于有吸音要求的房间 ②锯木屑的处理办法同石灰砂浆抹灰
	用于做油漆墙面抹灰	①1∶0.3∶3 水泥石灰砂浆打底 ②1∶0.3∶3 水泥石灰砂浆罩面	13 5～8	如为混凝土基体，要先刮水泥浆（水灰比 0.37～0.40）或洒水泥砂浆处理，硬化后抹灰

续表

名称	适应范围	分层做法	厚度(mm)	施工要求
水泥砂浆抹灰	较潮湿的砖墙基层、混凝土基础、如墙裙、踢脚线、外墙面	①1∶3水泥砂浆打底 ②1∶2.5水泥砂浆罩面压光	13 5～8	底子灰分两遍成活，头遍灰要压实，表面扫毛，待五至六成干时抹第2遍
	水池与窗台	①1∶2.5水泥砂浆打底 ②1∶2水泥砂浆罩面	13 5	水池子抹灰要找出泛水
	加气混凝土、混凝土基层	①刷1∶5（107胶∶水）胶水溶液 ②1∶3水泥砂浆打底 ③1∶2.5水泥砂浆罩面	5 5 5	①抹灰前将墙面浇水湿润 ②107胶水溶液要均匀涂刷 ③薄薄地刮一遍底子（简称铁板糙）后再抹子灰 ④打底后隔2天罩面
纸筋灰（麻刀灰、玻璃丝灰）抹灰	砖墙基层	①1∶3石灰砂浆打底 ②纸筋灰罩面	13 2	①也可以用1∶2.5水泥炉渣砂浆或1∶3水泥石屑（粒径0.3～0.5 mm为宜）浆打底 ②也可以用麻刀灰、玻璃丝灰罩面，高级抹灰分两遍成活
	混凝土基层	①1∶3∶9水泥石灰砂浆打底（或用1∶0.5∶4或1∶1.6水泥石灰砂浆，视具体情况决定） ②纸筋灰罩面	13 2	①混凝土基层刷素水泥浆后应随即抹底子灰 ②底子灰分两遍成活，头遍灰要压实，表面扫毛，待五至六成干时抹第2遍
	加气混凝土基层	①1∶3∶9水泥石灰砂浆打底 ②1∶3石灰砂浆找平 ③纸筋灰罩面	3 13 2	①抹灰前应将加气混凝土板（块）面浮灰清扫干净，并提前2天浇水湿润 ②小拉毛完成后，宜用喷雾喷水养护2～3天 ③待找平层六至七成干时，喷水湿润后开始抹罩面灰
		①1∶0.2∶3水泥石灰砂浆喷涂成小拉毛 ②1∶0.5∶4水泥石灰砂浆找平（或采用机械喷涂抹灰） ③纸筋灰罩面	3～5 8～10 2	

续表

名称	适应范围	分层做法	厚度(mm)	施工要求
纸筋灰（麻刀灰、玻璃丝灰）抹灰	加气混凝土基层	①1∶3∶9水泥石灰砂浆打平 ②1∶5（107胶∶水）胶水溶液涂刷表面 ③纸筋灰罩面	3～5 5 2	①用水泥石灰砂浆补好缺棱掉角及不平处 ②将墙面湿润 ③涂刷107胶水，亦可将107胶与纸筋灰拌和（掺量为10%）进行打底 ④罩面灰宜分两遍成活，第1遍薄薄刮一层，第2遍找平压光

3. 顶棚抹灰分层做法及施工要求（见表4—2）

表4—2　　顶棚抹灰分层做法和施工要求

名称	适应范围	分层做法	厚度(mm)	施工要求
顶棚抹灰	现浇混凝土楼板	①1∶0.5∶1水泥石灰砂浆打底 ②1∶3∶9水泥石灰砂浆找平 ③纸筋灰罩面	2～3 6～9 2	抹第1遍灰时必须与模板纹理方向垂直，用钢皮抹子用力抹实，越薄越好，底子灰抹好后，紧接着抹第2遍找平层，待找平层六至七成干时，开始罩面
		①1∶2∶4水泥石灰砂浆打底 ②1∶2纸筋灰砂浆找平 ③纸筋灰罩面	2～3 10 2	
	预制混凝土楼板	①1∶0.5∶4水泥石灰砂浆打底 ②纸筋灰罩面	8 2	分2遍抹，连续操作
		①1∶1∶6水泥纸筋灰砂浆打底 ②1∶1∶6水泥细纸筋灰砂浆罩面压光	5 7	适用于机械喷涂灰用
		①1∶3∶9水泥砂浆（加水泥重量2%的聚醋酸乙烯乳液）打底 ②1∶3∶9水泥石灰砂浆找平 ③纸筋灰罩面	2 6 2	①适用于高级装修工程 ②底层灰需养护2～3昼夜后再做找平层

二、抹灰基层处理与验收

抹灰前须对抹灰基层进行检查验收，以满足抹灰要求。

1. 室内抹灰工程，应待上下水、煤气等管道安装后进行。抹灰前必须将管道穿越的墙洞和楼板洞填嵌密实。散热器和密集管道等背后的墙面抹灰，宜在散热器和管道安装前进行。

2. 室外抹灰工程，应在安装好门窗框、阳台栏杆和预埋件等，并将墙上的脚手架眼等孔堵塞密实后进行。

3. 抹灰前，应检查门框位置是否正确，与墙连接是否牢固，连接处的缝隙应用水泥砂浆分层嵌塞密实。

4. 抹灰前，砖石、混凝土等墙体表面的尘土、污垢和油渍等应清除干净，并洒水湿润。

5. 为了使底层灰与墙体表面黏结牢固，在混凝土墙面抹灰前，宜在墙体表面上刷素水泥浆一道（内掺 3%～5%的 107 胶）或刷界面剂一道。不同材料接碴处，应设加强网，并绷紧牢固。加强网与各结构搭接宽度不应小于 100 mm。

三、材料的进场检验与复验

抹灰所用材料进场时应进行检查验收工作，主要内容如下：

1. 进场的水泥应按规定取样送实验室进行复检工作。

2. 进场的砂应检查清洁度和粗细程度，抹灰所用砂宜为中砂。

四、机具计划与技术准备

抹灰工程实施前，应根据工程的类型和工程量准备抹灰所需的工、机具，并做好使用前的检查和保养工作。

抹灰工程在实施前，还应根据工程的类型和技术要求的高低，做好技术准备工作，搞好技术交底，交代施工操作的具体要求。

模块二　室内墙面抹灰

除有防潮、防水、隔音、保湿等特殊要求的房间外，内墙面抹灰一般用白灰砂浆。其操作程序为：

基层处理→找规矩、做灰饼→设置标筋→阳角做护角线→抹底层灰→抹中层灰→抹窗台板、踢脚板（或墙裙）→抹罩面层灰→清理。

一、基层处理

1. 表面清理

首先将基层表面的灰尘、污垢、油渍、碱膜、沥青渍、油漆、黏结砂浆等清除干净（如油污较严重时，可采用浓度为10%的碱水溶液洗刷）。凹凸太多的砖石、混凝土和加气混凝土基层表面，应先用凿子剔平或用1∶3的水泥砂浆补平，光滑的基层表面则应进行凿毛处理，如用1∶1的素水泥浆掺10%的107胶薄薄地刮一层，或用机械喷涂或用扫帚甩上一层1∶1稀粥状的内掺水2%（质量）的107胶素水泥浆。

2. 浇水湿润

对于砖砌体基层，应提前一天浇水湿润，根据气温不同考虑浇水的多少，要求水渗入墙体内10～20 mm。浇水时宜按自上至下、从左到右的顺序进行，且水势要小，并喷洒均匀，以保证质量。对于混凝土和加气混凝土基层也要求提前浇水湿润，但要注意掌握好水势，墙面湿度不要太大。

3. 泥缝

门窗和与立墙交接处，应采用水泥砂浆或掺有少量麻刀的水泥混合砂浆分层嵌填密实。

4. 堵洞

墙面上的脚手架预留孔洞必须堵塞严密。水暖、通风管道通过的墙洞，剔凿后安装的供电线路、通信线路等各种管道处，均应用 1∶3 的水泥砂浆封堵严密。有防水要求的要先做好防水处理，并验收合格。

5. 加固

不同基层材料（如砖石与木结构或砖石与混凝土结构）相接处应铺设金属网进行加固，金属网应绷紧钉牢，不得有翘曲、松动现象，金属网与各基层的搭接宽度要求自缝边起每侧不小于 100 mm。

二、找规矩、做灰饼

为有效地控制抹灰面的垂直度、平整度和抹灰层的厚度，使其质量满足设计和质量验收规范要求，应对抹灰部位作出相应的控制抹灰层厚度的标志，俗称做灰饼。

1. 确定抹灰层厚度

先用托线板和靠尺检查墙面平整度和垂直度，再根据检查情况确定抹灰层厚度，一般最薄处不得小于 7 mm。内墙面抹白灰的总厚度一般应小于 35 mm，普通抹灰层总厚度一般为 18 mm，高级抹灰层总厚度一般为 25 mm，当抹灰层总厚度≥35 mm 时，应采取加强措施。

2. 做灰饼

在确定抹灰层厚度后，在墙面 2 m 高、距两边阴角 100～200 mm 处，用 1∶3 水泥砂浆或 1∶3∶9 水泥混合砂浆各做一个 50 mm×50 mm 的灰饼。灰饼厚度视墙面平整度和垂直度而定，一般为 10～15 mm 厚，最厚不得超过 25 mm，最薄不得小于 7 mm。然后用托线板或线锤在已做好的灰饼面挂垂线，在墙面下部按照对应的厚度补做灰饼，保证上、下灰饼在一个垂直线上，灰饼距地面的高度一般为 150～200 mm，如图 4—1 所示。接着用小铁钉钉在左右两灰饼两端的墙缝里，用小线拴在铁钉上拉横线，沿线方向按 1 200～1 500 mm 间距补做灰饼，如图 4—2 所示。墙高大于 3.2 m 时，要两人挂线做灰饼，如图 4—3 所示。

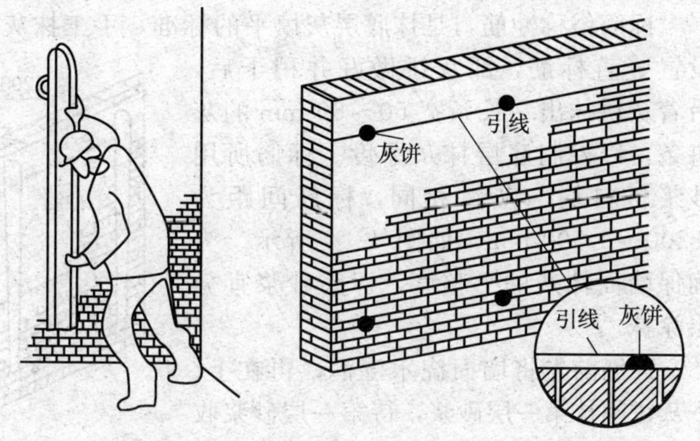

图 4—1　做垂直方向灰饼　　图 4—2　在两灰饼引线上做灰饼

图 4—3　两人挂线做灰饼

三、设置标筋

标筋俗称冲筋，是抹底层灰填平的标准，手工抹灰时一般设置竖直标筋，即灰饼做好并稍干后，沿着灰饼抹出一长条宽 50～60 mm 的灰饼条，以控制底层抹灰厚度。标筋所用砂浆材料均与灰饼相同，标筋间距为 1 200～1 500 mm，如图 4—4 所示。为确保墙面抹灰的平整度，标筋砂浆宜分层涂抹。

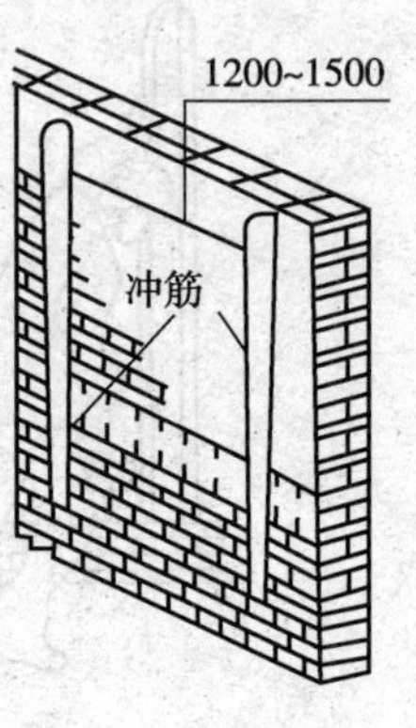

图 4—4　设置标筋

冲筋前先将墙面浇水湿润，再在上、下灰饼间抹第一层砂浆，待第一层砂浆收水后，再抹第二层砂浆。标筋砂浆一般做成梯形断面，在涂抹时，要求高出灰饼面 5～10 mm，然后用刮尺紧贴在灰饼左上右下地来回搓刮，直到标筋面与灰饼面齐平为止，最后用小压子将标筋两侧修成斜面，以便与抹灰层接茬顺平。当墙高大于 3.5 m 时，应有两人分别在架子上面和下面协调操作，在标筋砂浆涂抹好后，两人各执长刮尺的一端将标筋搓平。在操作过程中，要随时注意刮尺是否因受潮而变形，如发现变形，要及时修整，以防造成标筋不平，最终导致墙面抹灰不平。

四、阳角做护角线

为使阳角在抹灰后线条清晰、挺直，并防止阳角被碰坏，一般抹灰中，无论设计有无要求，所有阳角都要做护角线。护角线分为明护角线和暗护角线两种，工程实例中大多采用暗护角线。室内的墙面及门窗洞口的阳角应用 1∶2 水泥砂浆做暗护角。护角的高度，如无设计规定，一般不低于 2 m，每侧宽度不小于 50 mm，如图 4—5 所示。护角厚度，大墙面一侧以墙面抹灰层厚度为准，另一侧以门窗框离墙面的间隙为准。护角线做好后可作为标筋使用。

其做法为：先用 1∶3 水泥砂浆薄薄地抹一层与护角宽度相同的底子灰，然后用钢筋夹具将八字靠尺夹住或用竹片条支撑住。同一高度的护角线，其八字靠尺要求一次撑好，以免因分次成活而造成明显接碴。八字靠尺撑好后，要求用线锤将八字靠尺调整垂直，再分层抹成斜面，另一侧用同样的操作方法完成，形成八字形的护角，待砂浆稍干后，用捋角器捋光压成八字形小圆角。门窗洞口做好后，要及时用清水洗干净门框上的砂渍料，并在水泥砂浆护角终凝后按规定要求进行养护。

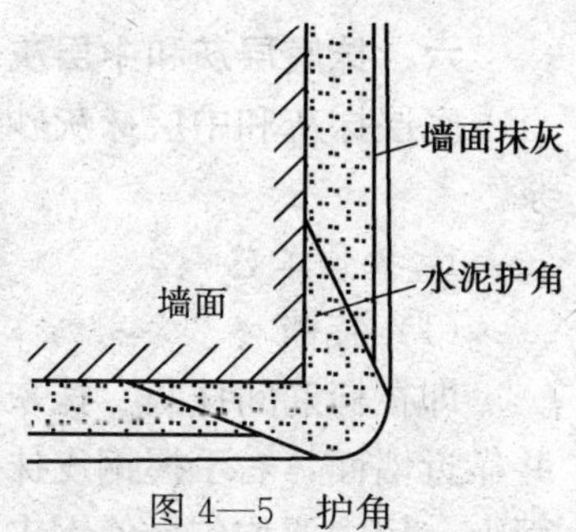

图 4—5　护角

五、阴阳角找方

阴阳角找方与墙面抹灰要配合进行，其做法如下：

1. 用阴（阳）角方尺检查阴（阳）角的直角度，用线锤检查阴（阳）角的垂直度，根据直角度或垂直度的误差，确定抹灰厚度。

2. 阴角找方时，将底灰抹于阴角处，用木阴角器压住抹灰层并上下搓动，使阴角处抹灰基本上达到直角。如靠近阴角处有已结硬的标筋，则用木阴角器沿着标筋上下搓动，基本搓平后再用阴角抹子上下抹压，使阴角线垂直。阳角找方时，将底灰抹于阳角处，用木阳角器压住抹灰层并上下搓动，使阳角处抹灰基本上达到直角，然后用阳角抹子上下抹压，使阳角线垂直。

3. 在阴、阳角处底层灰凝结后，洒水湿润，将中层灰抹于阴、阳角处，分别用阴角抹子和阳角抹子上下挤压，使中层灰达到平整。

4. 待阴、阳角处中层灰凝结后，洒水湿润，将面层灰抹于阴、阳角处，分别用阴角抹子和阳角抹子上下挤压，使面层灰达到平整光滑。

六、抹底层灰和中层灰

底层抹灰和中层抹灰砂浆如设计无要求，宜采用水泥混合砂浆。

1. 操作工艺

（1）装档

即在标筋间抹灰。抹灰时，如图 4—6 所示，左手握托灰板并靠近墙面，右手握钢皮抹子，横向（或竖向）将砂浆涂抹于墙面上，用力要均匀，使钢皮抹灰紧贴墙面，保证砂浆与墙体黏结牢固、平整。抹底层灰要求大致平整，涂抹时用目测控制平整度。

图 4—6　抹灰、刮杠

（2）刮杠

中层抹灰完毕后，用 2～3 m 的刮尺在抹灰面上由下往上依靠标筋刮动，反复几次，直到用刮尺将抹灰表面刮平直为止，如图 4—6 所示。刮杠后使中层灰面与标筋面相平。

（3）搓平

在刮平的抹灰表面，用木抹子搓一遍，使砂浆表面平整、密实。

2. 操作要求

（1）一般在标筋达到一定强度，且刮杠操作不会损坏标筋时抹底子灰，且底子灰要分层施工，底层抹灰要薄，其厚度小于两侧的标筋厚度，一般为 5～7 mm。

图 4—7 阴角抹直

（2）抹底层灰时，要用力使砂浆牢固嵌入墙体砌缝内。中层抹灰在底层抹灰收水（指压不软却有指印和潮湿感）后进行，其厚度一般为 7～9 mm，如中层灰太厚时，应分遍涂抹，使砂浆面稍厚于标筋面。

（3）墙的阴角处要用木质阴角器上下反复抽动抹直抹平，如图 4—7 所示。墙面阳角抹灰时，先将靠尺在墙角的一面用线锤调整垂直，然后在墙角的另一面顺靠尺涂抹砂浆。

3. 注意事项

（1）抹底层灰与中层灰时，一般由上往下进行涂抹（当层高小于 3.2 m 时，则可先抹下面一步架，然后再搭设架子抹上一步架）。上一步架可以不做标筋，以下面已抹好的墙面为依据，用木杠向上刮平，但要注意上、下两步架抹灰面的交界处要平整，以保证大面积墙面抹灰的平整度。

（2）使用刮杠时，人站成骑马式，双手紧握刮杠，用力要均匀，手腕要灵活，由下往上移动，同时，要使木杠前进方向的一边稍稍翘起。在刮刮杠时要随时将刮杠上的砂浆清理干净并倒入灰桶内回收利用，凹陷处补抹砂浆后再刮，直到表面平直为止。

（3）底子灰抹完后，应将预留孔洞四边约 50 mm 的砂浆清理干净，再用 1∶1∶4 的水泥混合砂浆把洞、槽、箱、盒等处抹方正、光滑、平整，其表面要低于底子灰或低于标筋约2 mm。

（4）中层灰抹完并搓平后，应全面检查抹灰面的平整度、垂直度、阴阳角是否方正、顺直，发现问题及时进行修补（或返工）处理。最后将地面、踢脚线以及管道背后的落地砂浆清理干净，如果后做地面、墙裙和踢脚线时，要先弹好墙裙、踢脚线准线，在准线上口 50 mm 处的砂浆用钢皮抹子切成直搓，并将墙裙、踢脚线处的墙面清理干净。

七、抹水泥踢脚线（或墙裙）

踢脚线（或墙裙）抹灰一般在墙面抹灰之前进行，如底子灰为水泥砂浆或水泥石灰混合砂浆时，可在墙面抹灰之后进行，这样既能有效防止踢脚线（或墙裙）空鼓，又有利于控制墙面抹灰的平整度。在踢脚线（或墙裙）抹灰之前，须将基层面清理干净，提前浇水湿润，弹出踢脚线（或墙裙）高度准线，用水泥∶107 胶∶水＝1∶0.1∶4 的素水泥浆薄薄地刮一遍，超出高度准线 30～50 mm，接着用 1∶3 水泥砂浆抹底层灰，并用木抹子搓毛。待底层灰七至八成干后，就可用 1∶2.5 的水泥砂浆罩面，其厚度为 5～7 mm。待抹平压光后，按施工图设计要求高度，从室内 500 mm（或高于墙裙水平线 100 mm）的抄平线下返出踢脚线（或墙裙）的高度尺寸位置，再用粉线包弹出水平线，然后用八字靠尺靠在踢脚线（或墙裙）高度准线上，用钢皮抹子将踢脚线（或墙裙）切齐并压抹平整，最后用阳角抹子捋光上口，如图 4—8 所示。

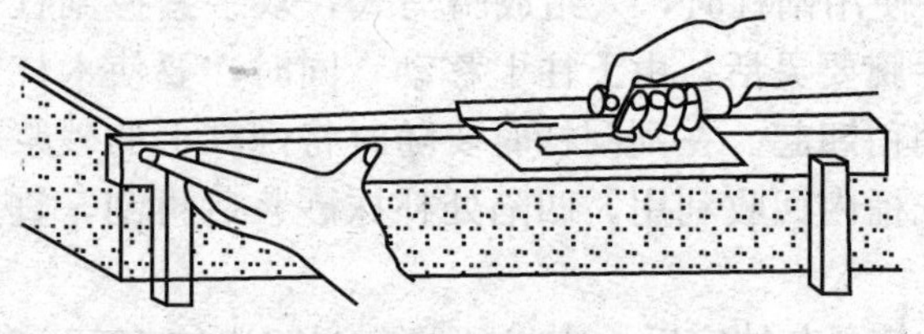

图 4—8　抹子切齐法

八、抹水泥窗台

在抹水泥窗台之前，首先将窗台基层清理干净，如有松动的砖块，应拆除重砌，并把砌缝划深，然后浇水湿润，再铺筑 25 mm厚的细石混凝土（或抹厚度 5～7 mm1∶3 水泥砂浆底层灰），并将细石混凝土或水泥砂浆表面划毛，隔日后刷素水泥浆一道。接着用 1∶2.5 的水泥砂浆罩面，罩面灰要用原浆压实压光，并在窗台阳角处用捋角器捋成小圆角。窗台下口要平直，不得有毛刺。24 h 后再浇水养护 2～3 天。

在抹水泥砂浆窗台时，抹灰前的基层处理与抹灰后的洒水养护极为重要，如基层处理不好或养护不到位，则极易出现空鼓和裂缝等质量问题，并无法修补，只能凿掉重抹，不但影响竣工验收，而且还会造成经济损失。

九、抹罩面灰

抹罩面灰即抹面层灰，应在底子灰稍干后进行。

1. 罩面抹灰分类

(1) 纸筋石灰或麻刀石灰面层

纸筋灰、麻刀灰一般抹于石灰砂浆层上，面层抹灰应在中层砂浆七至八成干时进行操作。抹面层灰一般采用钢皮抹子，分两遍成活，经赶平、压实后的面层抹灰厚度，纸筋灰不大于2 mm，麻刀灰不大于3 mm，面层灰太厚，容易产生收缩裂缝，影响工程质量。

纸筋灰抹罩面灰时，一般两人一组配合操作较好，操作顺序一般是，由阴角或阳角开始，从左到右，自上而下进行。一人先竖向（或横向）薄薄抹一层，使纸筋灰与中层抹灰表面紧密结合，另一人再横向（或竖向）抹第二层，并抹平、压光、收光。压平后，可用排笔刷、毛刷或茅柴帚蘸水横刷一遍，边刷边用钢皮抹子再压实、搪平、抹光一次，使内墙表面色泽一致，细腻光滑。阴、阳角处分别用阴、阳角抹子捋光，稍稍收水后即用压子或塑料抹子顺抹纹压光。过一段时间后再全面检查，起泡处挖掉重新补灰、压实、搪平、收光。操作工程中应及时将粘在门窗框上、墙裙或踢脚板上口的纸筋灰用毛刷去除。

麻刀石灰面层的操作方法与纸筋石灰面层基本相同，但须注意：纸筋容易捣烂，制成的纸筋石灰较细腻，其面层厚度很容易达到不超过2 mm的要求，而麻刀的纤维较粗且不易捣料，制成的麻刀石灰抹面层厚度要达到不超过3 mm较困难。为不影响工程质量，减少抹灰厚度，在操作时，一人用铁抹子将麻刀石灰横向（或竖向）涂抹在底子灰上，另一人紧接着用钢皮抹子从左到右将麻刀灰赶平、压实和抹光。稍干后，再用钢皮抹子将面层重新压光一次。

（2）石灰砂浆面层

应在中层灰七至八成干时进行，先用铁抹子抹灰，再用刮尺由下到上刮平，然后用木抹子搓平，最后用钢皮抹子压光成活。

（3）石膏罩面

石膏罩面是一种高级抹灰做法，具有良好的装饰效果，但操作质量较难保证，故在工程中采用较少。其底子灰可用 1∶2.5 石灰砂浆或麻刀石灰砂浆，也可用 1∶3∶9 水泥混合砂浆，在底子灰中不得掺入氯化钙、氯化钠等外加剂，以免返潮时石膏面层脱落。一般采用 6∶4 石膏石灰砂浆或石膏胶掺水作为罩面用，抹石膏灰罩面的抹子一般是用钢皮抹子或塑料抹子，要求分两遍涂抹，其赶平压实后的厚度不超过 2 mm。

抹石膏灰前准备好一切用具，4 人一组，1 人拌制石膏灰浆，3 人操作。一般纯石膏控制在 3～5 min 用完，6∶4 石膏石灰砂浆控制在 7～10 min 用完，20～30 min 内全部操作过程要完成。抹灰过程中，3 位操作人员组成小流水作业，1 人先薄薄地抹 1 遍，第 2 人紧接着抹第 2 遍，并随手将石膏灰赶平，第 3 人紧跟着压光，连续压 2 遍，最后边洒水边用钢皮抹子压光亮，并及时清除粘在门窗框上的石膏灰浆。

（4）水泥石灰浆罩面

水泥石灰浆面层表面光滑、耐潮，其特点是凉爽、干燥，如表面刷上油漆，不易起皮脱落，经济实用，通常用于高级抹灰的内墙面。

采用水泥石灰浆罩面时，其底子灰应用石灰砂浆或麻刀石灰砂浆，底子灰表面应密实、平整、干燥一致，如干燥不一致，则易使面层颜色不均匀。面层涂抹时，要求两遍成活，厚度为 2～3 mm。操作前宜将门窗玻璃安装好，防止面层水分蒸发过快而产生裂缝，要求先均匀洒水湿润中层。操作时，一般 2 人一组，一人用木抹子竖向薄薄抹一层，紧接着再用抹子横向抹第 2 遍，并随手将砂浆赶平，另一人紧跟其后，用钢皮抹子竖向压光，连压 2 遍。待面层收水 7 成时，一边用毛刷洒水，一边再用钢皮抹子竖向压光，直到表面密实、光滑为止。阴、阳角处用阴、阳角抹子捋光。如果墙面太高，则应上下同时操作，使其表面不湿接碴。

2. 罩面抹灰的注意事项

(1) 底子灰太湿，会影响抹灰面的平整度，还可能会“咬色”；底子灰太干，则易使面层灰脱水过快，以致影响面层灰与底子灰的黏结力而造成面层空鼓。

(2) 掌握好抹罩面灰的时间：一般水泥砂浆和水泥混合砂浆的底子灰终凝后，方可抹罩面灰；石灰砂浆底层灰，在吸水七至八成干后，即可抹罩面灰。常见的内墙面层抹灰用纸筋石灰、麻刀石灰、石灰砂浆、石膏、水砂罩面等。

(3) 抹石灰砂浆抹面层，如中层较干时，须适量洒水湿润后再进行。

(4) 抹石膏灰面层时，底子灰必须干燥，在涂抹前洒少量清水湿润底子灰面层，以使石膏灰能涂抹均匀。

(5) 由于石膏凝结快，在拌制石膏灰浆时，不宜一次拌得太多，拌制动作要迅速，连续拌制连续使用，不能脱节。涂抹时，一般从左墙角开始，由下往上顺抹，压光时抹子也要顺直。如果墙面太高，应上下同时涂抹，以免出现接碴，如出现接碴，可待墙面石膏灰凝固后用刨子刨平。

十、室内墙面抹灰常见质量问题

1. 内墙抹灰容易出现空鼓、裂缝等质量问题，主要是由基体处理不干净，墙面浇水不够，砂浆中水分被墙体吸收，降低了砂浆的黏结强度。另外，基体偏差较大时，应分层补平。

2. 抹灰分层，每层抹灰厚度应控制在 10 mm 左右。

3. 门窗边缝要塞灰严实，砂浆配制要符合设计质量要求。

模块三　顶棚抹灰

与内墙面抹灰相同，除有防潮、防水、隔音、保湿等特殊要求的房间外，顶棚抹灰也一般采用抹白灰砂浆。其操作程序为：

准备工作→基层处理→找规矩、弹准线→刷结合层→抹底层灰→抹中层灰→抹罩面灰。

这里主要介绍常用的混凝土顶棚抹白灰砂浆的操作工艺。

一、准备工作

1. 熟悉设计图纸、技术标准、规范及技术交底，掌握操作要点。

2. 准备好顶棚抹灰所需的材料及工具。

3. 做好屋面防水、上层及本层楼面找平层。

4. 搭设好抹灰所需脚手架。

二、基层处理

1. 混凝土表面有凸起部分时应先凿平，清除基层浮灰、油污。

2. 对钢模板施工的混凝土表面应先凿毛后再用钢丝刷满刷一遍，并浇水湿润。

3. 预制板顶棚要注意板缝处理，板缝应灌筑细石混凝土并捣实。

4. 检查预制板底高差不能大于 5 mm，不合格者应重新处理。

5. 很光滑的基层表面应进行“毛化处理”。毛化处理做法有两种：

其一是用錾子将光滑的混凝土表面凿毛，使其表面粗糙不平，然后用清水冲洗干净；

其二是将光滑的混凝土表面用水刷洗干净，并用10%的碱水刷去油污后晾干，然后在其表面用机械喷涂或用扫帚甩上一层内掺有20%水（质量）的107胶的1∶1稀粥状的水泥砂浆，使其凝固在光滑的表面上，用手掰不动为止。

6. 剔凿掉外露钢筋头、铅丝头，将蜂窝、麻面、露筋、漏振等部位用錾子凿到实处，再用1∶3水泥砂浆分层补平。

7. 抹底层灰前一天对基层进行浇水湿润，抹灰当天再洒水湿润，接着满刷一遍107胶水泥浆进行处理。

二、找规矩、弹准线

先根据墙柱上弹出的基准水平墨线（离室内地坪50 cm水平线），用尺子或钢尺向上量出靠近顶棚四周的水平线（一般离顶棚约10 cm），用粉线包弹出四周的水平线，作为顶棚抹灰的水平控制线，再根据顶棚面确定抹灰层的厚度。顶棚抹灰通常不做灰饼和冲筋，用目测的方法控制其平整度，以无明显高低不平及接碴痕迹为准。

四、抹底、中层灰

1. 抹灰顺序

一般是从顶棚角开始，由前往后退，并注意与基层的板缝方向垂直，以便使砂浆更易挤入缝隙内牢固结合。上灰时要特别注意，厚薄掌握适度，随后用软刮尺赶平，随刮随用长毛刷将抹印顺平，再用木抹子搓平，顶棚管道周围用小工具顺平，赶平后如平整度尚欠佳，应及时补灰并赶平一次。但不宜多次补灰和赶平，否则极易搅拌动底灰而引起掉灰。为保证中层砂浆与底层灰黏结牢固，如底层灰吸水过快，应及时洒水湿润。

2. 操作方法

人站立在脚手板上双脚叉开，一脚在前，一脚在后，形成丁字形，身体略后仰，一手持钢皮抹子，一手持托灰板，两膝微弯站稳，头稍后仰，抹子紧贴顶棚，慢慢往后拉，如图 4—9 所示。

图 4—9　顶棚抹灰操作方法

3. 抹灰要领

当基层刷一遍 107 胶水泥浆后，紧跟着抹底层灰，底层灰常用 1∶2∶4（体积比）或 1∶0.3∶3（质量比）的水泥混合砂浆，厚度为 2 mm 左右，并随手搓成粗糙毛面。抹完底层灰后紧接着抹中层灰，中层灰常用 1∶3∶9 的水泥混合砂浆，厚度为 6 mm 左右。在顶棚与墙面交接处，一般是在墙面抹灰完成后补做，也可以在抹顶棚时，先将距离顶棚 200～300 mm 高度范围内的墙面同时抹完，方法是用铁抹子在墙面与顶棚的交角处填上砂浆，然后用木质阴角器抽平压直即可。

五、抹罩面灰

待中层灰达到六至七成干时（一般用手指按下，感觉不软但有指印），开始抹罩面灰。如中层灰过干，应洒水湿润后再抹罩面灰，否则不仅给操作造成困难，而且不易保证罩面灰的质量。罩面灰的厚度一般控制在 2 mm 左右，要分两遍成活，第 1 遍抹得越薄越好，紧接着抹第 2 遍。抹第 2 遍时，抹子要平，稍干后，再用塑料抹子或压子顺着抹纹压实压光。

六、顶棚抹灰常见质量问题

顶棚抹灰易出现抹灰层空鼓和裂纹，抹灰层起泡、有抹纹等问题，其原因是，基体清理不干净，一次抹灰过厚，没有分层赶平，一般每遍抹灰厚度应控制在 5 mm 内。另外，顶棚在罩面抹灰完成后，要等待罩面灰收水后再进行压光。压光时，抹子要稍平，由前往后按顺序压光，以免出现起泡和有抹纹的现象。

模块四　外墙面抹灰

外墙抹灰应先上部后下部，先檐口再墙面（包括门窗周围、窗台、阳台、雨篷等）。大面积的外墙抹灰可分片同时施工，如一次不能抹完时，可在阴阳角交接处或分格线处间断施工。

这里介绍常用的外墙面抹水泥砂浆的操作工艺，其操作顺序为：

准备工作→基层处理→找规矩→装档、刮杠→分格处理→抹面层灰→起分格条、勾缝→做滴水线→养护。

一、准备工作

1. 主体结构施工完毕，并验收合格。

2. 外墙所有预埋件、嵌入墙体内的各种管道已安装完毕。

3. 门窗安装合格，框与墙间的缝隙经清理后用 1∶3 水泥砂浆或 1∶1∶6 水泥混合砂浆堵塞严密。

4. 混凝土墙板接缝处的防水处理完毕；基层处理、四大角（即山墙角）与门窗洞口护角线已完成。

5. 砂浆配比：混凝土外墙抹灰底层常用 1∶3 水泥砂浆，面层用 1∶2.5 水泥砂浆，砖砌外墙的抹灰要有一定的防水性能，常用 1∶1∶6 的混合砂浆打底，用 1∶1∶6 或 1∶0.5∶4 的混合砂浆罩面。

二、基层处理

1. 混凝土墙身基层处理

当基层为混凝土墙时，需将混凝土墙身清扫干净，再提前浇水湿润，但要掌握好水势和湿度，如墙身吸水过多，则会造成抹灰操作困难。如混凝土表面很光滑，应对光滑表面进行“毛化处理”，方法与前面介绍的顶棚表面毛化处理的方法相同。

2. 砖砌墙体基层处理

当基层为砖砌墙体时，将砖墙面上残留的砂浆、污垢、灰尘等清扫干净，然后用水冲洗墙面，将灰缝中的尘土等冲洗干净，并使砖吸水深度达到 10～20 mm。

3. 加气混凝土砌墙体基层处理

当基层为加气混凝土砌墙体时，将墙面上残留的污垢、灰尘、油渍等清扫干净，然后用水冲洗墙面，将灰缝中的尘土等冲洗干净，并使加气混凝土吸水深度达到 8～10 mm。加气混凝土表面缺棱掉角需分层修补。其做法是：先洇湿基体表面，刷掺水 10%（质量）的 108 胶水泥浆一道，紧跟抹 1∶1∶6 的混合砂浆，每遍厚度应控制在 7～9 mm。

三、找规矩

外墙抹灰和内墙抹灰一样要挂线做灰饼、设置标筋，方法是：先在墙面上部拉横线，做好上面两角的灰饼，再利用已做灰饼面挂好自上而下的垂直通线（多层或高层建筑物，应采用细铁丝作垂直线），做下面两角的灰饼，然后分别在上部两角及下部两角灰饼间挂横向通线，每隔 1.2～1.5 m 做出上、下两排灰饼，依次在上、下两排灰饼间拉上垂直通线，再按步架的高度补做竖向灰饼，将灰饼面相连，做出横向或竖向标筋。灰饼大小为 5 cm 见方块体，标筋为 5 cm 宽条状体。门窗口角、垛都要吊垂直，门窗口上沿、窗台及柱子均应拉通线，做好灰饼及相应的标筋或标志。

四、装档、刮杠

外墙面装档、刮杠的方法与内墙面相同，这里不再介绍。

五、分格处理

室外墙面抹水泥砂浆时，为使墙面美观并防止罩面砂浆收缩产生裂缝，须做分格处理，其方法有粘分格条、粘布条和划缝三种。粘分格条为分格处理的一般方法，后面两种方法通常在饰面层较薄的情况下采用。

1. 粘分格条法

待中层灰六至七成干时，按设计要求尺寸在墙面上进行分格并弹墨线，弹墨线应按先竖向后横向的顺序进行。接着用素水泥浆抹分格条的背面进行粘贴，为便于抹灰完后起出分格条和防止分格条变形，应提前一天将分格条用水浸透。粘贴分格条时必须注意，垂直方向的分格条要粘贴在垂直墨线的左侧，水平分格条要粘贴在水平墨线的下方，以利于操作和观察，防止发生错缝不平的现象。分格条粘贴完后用直尺检查其平整度，并在分格条两侧用黏稠素水泥浆（最好掺 107 胶）抹成八字形斜角（若是水平线应先抹下口）。如当天抹面层灰，八字角与墙面应成 45°，如图 4—10a 所示，对不急于抹面层灰的“隔夜条”，八字角与墙面应抹得陡一些，成 60°，如图 4—10b 所示。

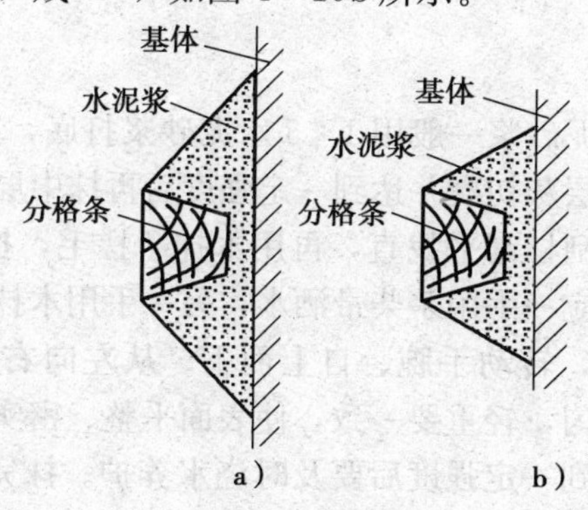

图 4—10 分格条粘贴示意图

面层灰抹至与分格条相平，再按分格条厚度刮平、搓实，并将分格条表面的余灰清除干净，避免起条时因表面余灰与墙面灰浆连接而损坏墙面。当天粘的分格条在面层交活后即可起出，“隔夜条”则应在罩面灰达到强度之后再起去。

起分格条，一般从一端头开始，用抹子轻轻敲动，分格条即能自动弹出。如果起条比较困难，可在分格条的一端钉一小钉子，用钳子夹住钉子轻轻地往外拉。

分格条起出后应及时清理干净，妥善保管，收存备用。分格线处用水泥砂浆勾缝。分格线不允许有错缝、缺棱掉角现象，缝宽窄和深浅应均匀一致。

2. 粘布条法

根据设计要求尺寸弹出分格线后，在底子灰上用 107 胶或素水泥浆粘贴胶布条（或电工绝缘胶布、纱布等），再抹面层灰将其覆盖起来，露出一端。待面层灰初凝后，将布条慢慢扯掉，即露出分格缝，然后修整分格缝两侧的灰边。

3. 划缝法

抹完罩面灰，待罩面砂浆初凝后，在墙面上按设计要求尺寸弹出分格线，沿着分格线按贴靠尺板，用划缝工具沿靠尺板边划缝，缝深 4～5 mm（或露出底子），再铲除分格缝内砂浆并修理缝边。

六、抹灰

外墙抹水泥砂浆一般用 1∶3 水泥砂浆打底，1∶2.5 水泥砂浆罩面。待底层灰初凝并达到一定强度后再抹中层灰，抹至与标筋面平时，用刮杠刮平找直，再用木抹子搓毛，搓毛时要注意，如墙面太干，应一手用茅柴帚洒水，另一手用木抹子打磨，木抹子要贴平墙面，转动手腕、自上而下、从左向右以圆圈形式打磨，用力要均匀，轻重要一致，使表面平整、密实。

抹灰层达到一定强度后要及时浇水养护。抹完中层灰后第 2 天，按设计要求弹出分格线，粘贴分格条。然后用 1∶2.5 水泥砂浆薄薄刮一遍，紧接着抹第二遍灰，与分格条平齐。然后根据分格条厚度用靠尺或刮杠刮平，用木抹子压实，用钢皮抹子揉实溜光。最后用刷子蘸水按垂直于地面的同一方向轻刷一遍，使其表面颜色一致，增加美感，并刷出分格条上的砂浆，起出分格条，随即用水泥浆把缝勾齐。水泥砂浆罩面成活 24 h 后，要浇水养护 3 昼夜。

抹水泥砂浆罩面灰时，如底子灰太干，则罩面不易压光，应适量洒水后压，避免因用力过大造成罩面灰与底层灰分离空鼓。当底层灰较湿不吸水时，罩面灰收水当天不能压光成活，可在罩面灰上撒上 1∶2 的干水泥砂吸水，待干水泥砂吸水后，将这层水泥砂浆刮除再压光。

七、外墙抹灰常见质量问题

1. 抹灰面空鼓、裂缝。主要是基体清理不干净，墙面浇水不透或不均匀，一次抹灰过厚（每遍厚度控制在 5～7 mm）或各层抹灰时间间隔太近。

2. 抹灰面有明显接碴，主要是因为墙面没有分格，留碴位置不对，应将接碴位置留在分格线处或阴阳角和落水管处。

模块五　楼地面抹灰

一、水泥砂浆楼地面抹灰

1. 操作顺序

准备工作→基层清理→抹踢脚板→刷素水泥浆结合层→找规矩→铺水泥砂浆进行头遍压光→抹第 2 遍压光→抹第 3 遍压光→养护。

2. 操作要求

（1）材料要求：水泥砂浆楼、地面抹灰宜用强度等级不低于 32.5 级的硅酸盐水泥或普通硅酸盐水泥，砂子宜用含泥量不大于3%、细度模数不小于0.7的洁净中、粗砂。水泥砂浆配合比应予严格控制，常用的水泥砂浆配合比为水泥：砂子＝1：2～1：2.5（体积比），同时应严格控制砂浆的稠度。

（2）抹灰前必须把基层或垫底清理干净并充分湿润，以防止楼、地面面层空鼓、裂缝。基层清理包括以下几项工作：

1）清除基层表面砂浆、碎砖头、尘土、松散混凝土等杂物，基层表面要密实、平整，不容许有凹凸不平和起砂现象。

2）将基层上的油渍用5%～10%的浓度的火碱溶液刷洗干净，对光滑的基层，做凿毛处理。

3）用清水将基层冲洗干净，且避免再次污染基层，铺设前一天洒水湿润。

（3）楼、地面抹灰前要认真弹好控制线。先检查楼地面的平整度，测定标高尺寸，再根据设计面层表面标高和排水坡度，确定抹灰层的厚度，并在四周弹好控制线（面层厚度一般为2 cm）。水平弹线是以地面（±0.000）及楼层砌墙前的抄平点为依据，一般可根据情况弹在标高100 cm或50 cm的墙面上，框架结构弹在框架柱上，如图4—11所示。

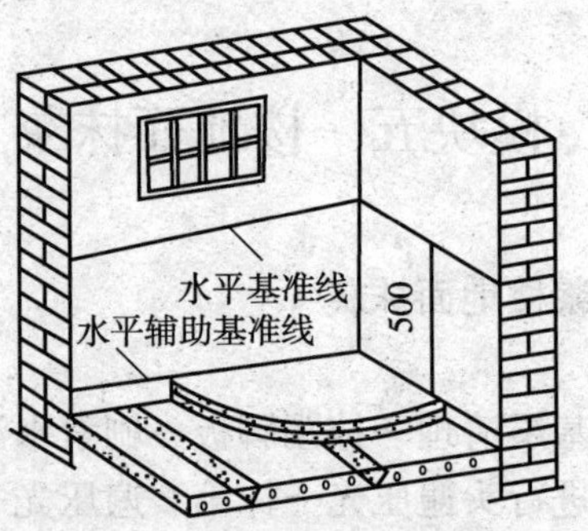

图4—11　弹准线

（4）为保证楼地面的平整度和排水坡度，楼地面抹灰与墙面抹灰一样需先打灰饼、冲筋，小房间在四周根据已确定的标高控制线做灰饼标志即可，大房间楼地面需按 1.5～2 m 的间距做出通常标筋，如图 4—12 所示。对于厨房、浴室、厕所等有排水要求的房间地面，必须找好排水坡度，有地漏的房间，要在地漏四周找出不小于 5％的泛水。同时，将下水管地漏口堵好，避免砂浆流入。

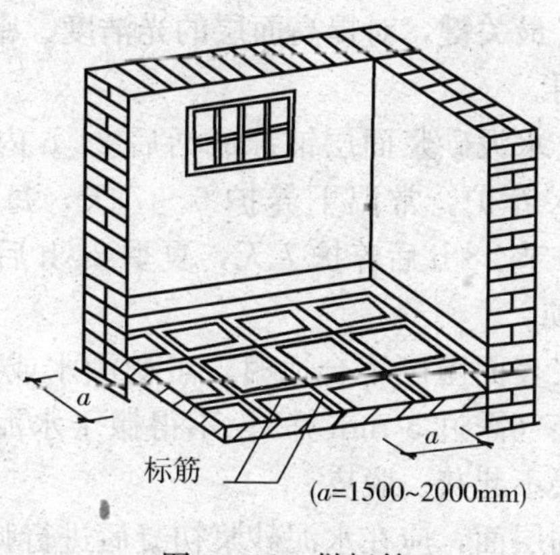

图 4—12　做标筋

（5）当地面面积较大或房间开间较大，设计要求分格时，在铺抹砂浆前须按设计要求事先粘贴好分格线。

（6）水泥砂浆铺设前，在基层表面均匀涂刷一遍水灰比为 0.4～0.5 的素水泥浆作为结合层，涂刷要均匀，随涂随即铺抹拌和好的水泥砂浆。

（7）抹水泥砂浆面层。水泥砂浆面层的正常抹压工作一般分三遍进行：

第一遍压光：用光皮抹子压头遍，这一遍要求压得轻些，尽量使抹纹浅一些，同时，将踩的脚印抹平，随时把踢脚板上的灰浆刮干净。

第二遍压光：当水泥砂浆开始干燥，人踩上去有脚印但不陷下去，可以用钢皮抹子压第二遍，这一遍要求压实、压光、不漏压，抹子与地面接触时，发出“沙沙声”，把死坑、砂眼和踩的脚印都压平。第二遍压光最重要，表面要清除气泡、孔隙，做到平整光滑。

第三遍压光：待到水泥砂浆终凝前，人踩上去有细微脚印，抹子抹上去不再有抹纹时，再用铁抹子压抹第三遍。这一遍要求用劲稍大，并把第二遍留下的抹纹、毛细孔等压平、压实、压光。第三遍压光最关键，对提高面层的光洁度、密实度，减少微裂缝有重要作用。

（8）养护。水泥砂浆面层铺抹成活后 24 h 内应以满铺湿润材料覆盖或浇水养护。常温下养护 5～7 天，每天浇水不少于 1～2次，春秋季节 48 h 后养护 7 天，夏季 24 h 后养护 5 天。

3. 注意事项

（1）当砂浆表面湿度不合适时，可稍洒水或撒 1∶1（体积比）干水泥砂灰（需过 3 mm 筛）；不得撒干水泥，以保证工程质量，确保面层不起灰、脱皮。

（2）分格的层面，应在水泥砂浆初凝后进行弹线分格，先用木抹子搓出一条约一抹子宽的面层，用光皮抹子压光，并用分格器压缝，分格线应平直且深浅一致。

（3）当在炉渣垫层上铺抹时，水泥砂浆的稠度宜为 25～35 mm；当在混凝土垫层上铺抹时，必须使用干硬性水泥砂浆，以手捏成团稍出浆为准，砂浆要拌和均匀颜色一致。铺抹方法是：在标筋之间摊铺砂浆后，随铺随用木抹子拍实，根据两边标筋标高用木刮杠刮平，刮杠时要从房间里往外刮到门口符合门框上锯口线标高为止，刮好之后，用木抹子搓平。

（4）抹灰时要注意室内地标高与走廊标高的关系。

（5）水泥砂浆面层如遇管道等产生局部过薄处，必须采取措施防止开裂。

（6）水泥砂浆面层的施工质量与压光工作质量有极大的关系。一定要掌握好压光操作时间，严格控制在砂浆初凝到终凝之间压光，既不能过早，也不能过迟。如水泥砂浆地面压光过早，虽然经过抹压，表面依然还会出现水光，这对面层砂浆的抗压强度和抗磨强度极为不利。如压光时间过迟（在砂浆终凝以后），不但影响水泥砂浆强度的增长，还容易造成楼、地面起灰、脱皮、裂缝等。

4. 常见质量问题

（1）地面起砂。应严格控制砂浆的水灰比，水泥砂浆的稠度以手捏成团稍稍出浆为宜；原材料质量要符合要求，严格控制配合比；压光应在水泥砂浆终凝前完成，连续养护时间在 7 天以上。

（2）空鼓裂纹。基层清洗干净后，涂刷素水泥浆结合层与铺设水泥砂浆要同时进行，砂浆搅拌要均匀。禁止表面撒干水泥压光，以免造成砂浆与水泥收缩不一致，产生裂纹。

（3）地面倒泛水。应按设计要求找准坡度，在做灰饼、标筋后仔细检查泛水坡度。

二、细石混凝土楼地面抹灰

1. 操作顺序

准备工作→基层清理、弹线→刷水泥砂浆结合层→做灰饼、冲筋→铺抹细石混凝土→滚压（或振捣）细石混凝土面层→面层压光→养护。

2. 操作要求

（1）材料要求：铺抹地面细石混凝土需用强度不低于 32.5 级的硅酸盐水泥或普通硅酸盐水泥，砂子宜用含泥量不大于 3％的洁净中、粗砂，石子宜用粒径为 5～15 mm 的级配碎石或砾石。混凝土宜用坍落度不大于 3 cm 的干硬性混凝土，以既用手能捏成团，又能拍出浆为准。

（2）基层要求：铺抹地面细石混凝土前，地面混凝土垫层（基层）已按要求施工完毕，混凝土强度应达到 1.2 MPa 以上（脚踩在上面不留痕迹）。预制空心楼板已嵌缝完毕；门框、铁杆、各种道管及地漏等已安装完毕，经检查合格，地漏口已遮盖；顶棚、墙面及上层楼面抹灰已施工完毕，已弹出或设置控制面层标高和排水坡度的水平线或标志，分格缝已按要求设置好。

（3）将基层清扫干净、刷一遍水灰比为 0.4～0.5 的素水泥浆结合层，刷浆后要紧接着铺混凝土。

（4）根据水平控制线和地面面层设计标高，用细石混凝土做灰饼、冲筋，室内有地漏时要找出排水坡度。灰饼、标筋做法参照墙面抹灰做法。

（5）混凝土的强度等级应根据设计要求试配，由试验室出施工配合比，用搅拌机进行拌制并要求拌和均匀。在混凝土浇灌过程中须按要求留置试块。

（6）铺细石混凝土时，应从里面向门口方向摊铺，混凝土面层比门框锯口线略低 3～4 mm。按标筋厚度刮平拍实混凝土后，待稍收水，即用木抹子预压一遍，要求抹子放平压紧，将细石子的棱角压平。

（7）待细石混凝土表面收水后，用木抹子用力搓打、抹平，紧接着用铁抹子反复压平至收光，一般分 3 遍成活，使其表面色泽一致、光滑、无抹纹，通常要求混凝土初凝前完成抹平工作，终凝前完成压光工作。在压实抹光中不准撒干水泥。当水灰比过大，难以压光时，则宜撒一些干拌的均匀的水泥和砂为好（水泥：砂＝1：1～1：2 体积比），并尽量撒得均匀一些，一定要保证工程质量，不允许有起灰、起砂、起皮等缺陷。

（8）细石混凝土养护，一般采用浇水养护。当气温低于 25℃时，混凝土浇筑完毕后 13 h 内用湿草帘覆盖浇水养护，最高气温高于 25℃时，应在 6 h 内用湿草帘覆盖浇水养护，对于普通硅酸盐水泥细石混凝土养护周期不小于 7 昼夜，房间在封闭养护期间禁止人员进入。

3. 注意事项

（1）细石混凝土面层厚为 3～4 cm，应用铁滚筒滚压。其方法是，待细石混凝土面层进一步收水后（用木抹子搓压后），用混凝土滚筒或铁滚筒（常用筒直径为 ϕ200 mm，长度为 600～1 000 mm）来回纵横滚压 3～5 遍，低洼处用混凝土填补，滚至表面泛浆，泛上的浆水如呈均匀的细花纹状，表明已滚压密实，可进行压光。

（2）厚度为 6 cm 以上的钢筋混凝十，可用平板振动器振捣密实。振捣速度和遍数，可以按下述情况来判断：混凝土停止下沉并往上泛浆，或表面已平整并均匀出浆，振捣遍数以 2 遍为宜，第 1 遍和第 2 遍的振捣方向应相互垂直，将混凝土振实、振平整。

（3）施工温度不应低于 5℃，否则应按冬期施工要求采取防冻措施。

4. 常见质量问题

细石混凝土楼地面也经常出现地面起砂、空鼓开裂和倒泛水等质量问题，解决办法与水泥砂浆楼地面相同。

模块六　细部抹灰

一、窗台抹灰

窗台分为内窗台和外窗台，其抹灰方法基本相同，以下分别介绍。

1. 外窗台抹灰

外窗台可分为清水窗台和混水窗台（砖砌）。清水窗台（又称虎头砖）用砖斜立砌，用 1∶1 水泥砂浆勾缝即可。一般清水窗台与清水墙相配合，墙面以砖的本色出现，不用水泥砂浆罩面的墙，称为清水墙，反之称为混水墙。而混水窗台通常将砖平砌，须再用水泥砂浆抹灰。外窗台抹灰有挑砖檐（见图 4—13a 和图 4—13b）和不挑砖檐（见图 4—13c）两种形式。外窗台抹灰，上表面应抹出一定的坡度，能迅速排除顺窗面流下的雨水或冷凝水，窗台的下边应抹出滴水线或滴水槽，以避免产生爬水现象，而且要求表面平整、光滑、棱角清晰、与相邻窗台标高、进出一致，上下层竖向成一条线，并保证排水流畅不渗漏，不湿墙。具体各项操作如下。

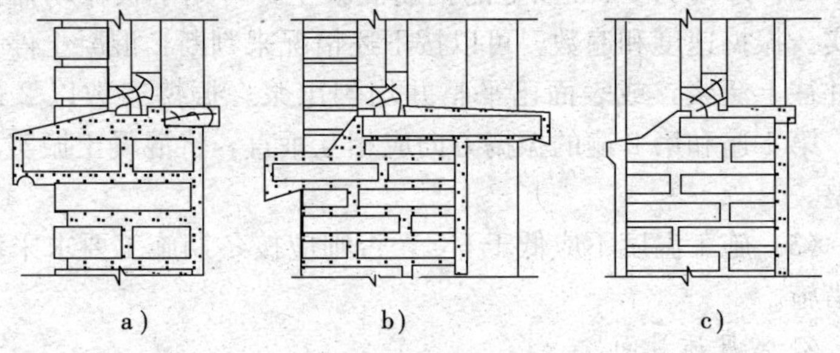

图 4—13 外窗台抹灰

(1) 准备工作

检查窗台的平整度以及上下左右相邻窗台的关系，即高度与进出是否一致，窗台与窗框下槛的距离是否满足要求（一般为 40～50 mm），发现问题及时调整或抹灰时进行修正。所准备的抹灰材料须为不透水材料。

(2) 基层清理

将窗台表面的灰尘、圬垢、砂浆等清理干净，洒水湿润，并用水泥砂浆将窗台下槛和间隙填满嵌实。而且，砂浆要嵌入窗下槛的凹槽内，特别是要处理好窗框的两个下角处，以免窗台渗水。

(3) 抹底灰

抹灰时用钢筋夹子将八字靠尺卡住，再用 1∶2.5 水泥砂浆打底，厚度 10 mm 左右，上灰后用木抹子搓平。抹灰顺序是：立面→平面→底面→侧面。

(4) 抹罩面灰

抹完底层灰第 2 天即可用 1∶2 水泥砂浆抹罩面灰，厚度控制在 5～8 mm。

(5) 做滴水槽、滴水线

滴水线的做法是，将窗台下边口的直角改为锐角，并将角向下伸约 10 mm，形成滴水，如图 4—14 所示；滴水槽的做法是抹灰时在距底面边口 20 mm 处粘贴分格条，其宽度和深度均不小于 10 mm，待抹灰完成后取出分格条即可，也可用分格器将滴水线处的砂浆挖掉，再用圆阴角抹子修正即可。窗台的平面应向外呈流水斜坡。

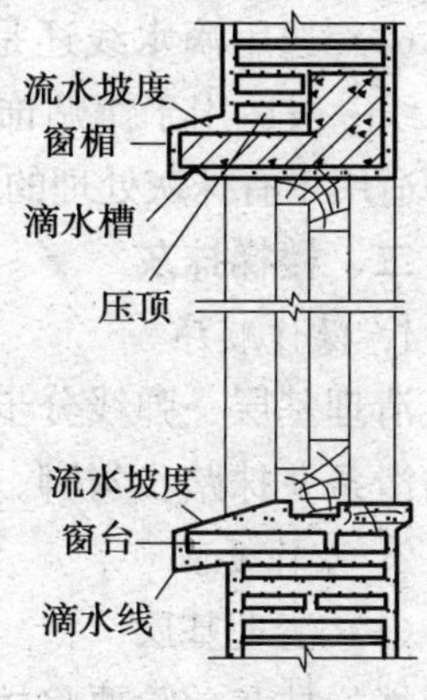

图 4—14 窗台做滴水线（槽）

2. 内窗台抹灰

内窗台抹灰也要求表面平整、光滑、棱角清晰，其方法与外窗台抹灰基本相同，只是所用材料和局部做法有所不同，一般内窗台抹灰所用材料与内墙抹灰材料相同，内窗台抹灰一般不需做排水坡度、滴水线（或滴水槽）。

3. 窗楣抹灰

窗楣抹灰与窗台抹灰做法及要求基本一致。抹灰前要先拉水平通线检查其平整度，同时要拉水平线、吊垂线检查与上下左右相邻窗楣的关系。窗楣上面应抹出向外的流水坡度，下面应作出滴水线（或滴水槽），并应注意与其他窗进出一致，水平、垂直成线。

4. 注意事项

(1) 要求底灰抹得棱角清晰。外窗台抹平面时一定要注意抹出向外的流水坡度，绝不允许有倒泛水现象。

(2) 在抹罩面灰前应先在底层灰上适当浇水湿润，压光时视水泥砂浆的收水情况及时逐个压光，并用阳角抹子将角捋光；窗框下槛处用圆阴角抹子捋光滑，以免下雨时向室内渗水。

（3）选用滴水线还是滴水槽，在抹灰时根据具体情况确定，滴水线一般适用于镶贴饰面、不抹灰或不满抹灰的预制构件，滴水槽适用于有抹灰处理的部位，如窗台、窗楣、阳台、雨篷下面。

二、楼梯抹灰

1. 操作顺序

清理基层→弹线分步、找规矩→抹底层灰→抹罩面灰→抹踏步防滑条→抹踏步勾脚。

2. 操作要点

（1）清理基层

楼梯抹灰前除要将楼梯踏步、栏板等基体清理干净外，还要将设置的钢或木栏杆、扶手的预埋部分用细石混凝土灌实。

（2）弹线分步、找规矩

预制或现浇楼梯踏步结构施工阶段的尺寸一般都存在一些误差，需事先放线纠正，对结构踏步尺寸偏差较大的楼梯，应进行錾凿和必要的技术处理。弹线分步的方法是，根据起步标高、休息平台标高和楼面平台标高，在楼梯的侧面墙上或栏板上弹一道分步标准斜线，如图 4—15 所示。抹罩面灰时，使踏步的阳角正好与标准斜线平齐，并要使每个踏步的级高和级宽的尺寸要一致，让踏步的阳角在标准线上的距离相等。对于不靠墙的独立楼梯无法弹线时，应上下左右拉小线操作，以保证每级踏步高、宽一致。

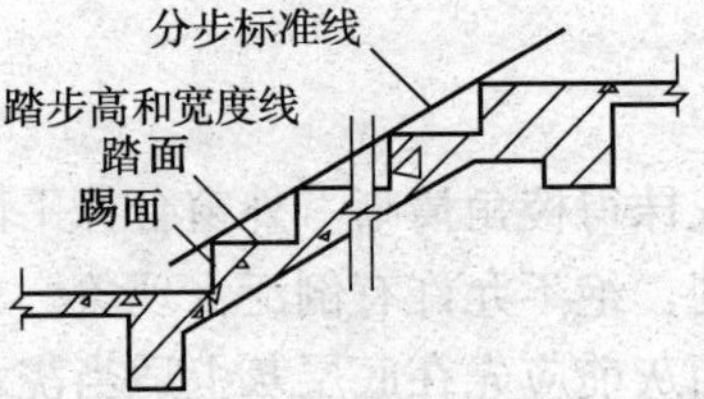

分步标准线
踏步高和宽度线
踏面
踢面

图 4—15　弹分步标准斜线

(3) 抹底层灰

先浇水湿润基层并在基层上刷一道素水泥浆，随即用 1∶3 水泥砂浆抹底灰，厚度为 10～15 mm。涂抹时，先抹踢面再抹踏面，一级一级往下抹。在抹踢面时靠尺板压在踏步上，按尺寸留出灰头，与踏步板的尺寸一致，依着八字靠尺上灰，用木抹子搓平，确保踏步宽度一致，如图 4—16 所示。

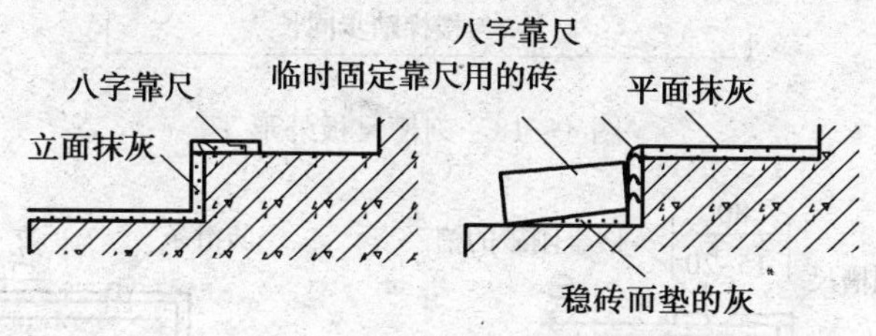

图 4—16　楼梯踏步口支八字靠尺

(4) 抹罩面灰

底层灰抹好后第 2 天，压好八字靠尺板，用 1∶2 水泥砂浆罩面，厚度控制在 8～10 mm，待收水后用钢皮抹子压光，阴阳角处用阴阳角抹子捋光滑。24 h 后开始洒水养护，砂浆未达到强度严禁上人。

(5) 抹踏步防滑条

如踏步设有防滑条，则在抹踏面时应在距离踏口 40～50 mm 处，用素水泥浆粘上宽 20 mm、厚 7 mm 的梯形分格条，罩面砂浆与分格条平齐，如图 4—17 所示。分格条在使用前需用水浸透，粘贴时小面朝下。罩面压光后即可取出分格条，也可以抹完罩面灰后随即用一刻槽尺板把防滑条位置的面灰挖出来代替分格条，刻槽尺板外形如图 4—18 所示，操作方法如图 4—19 所示。也可以在罩面灰达到强度后取出分格条，

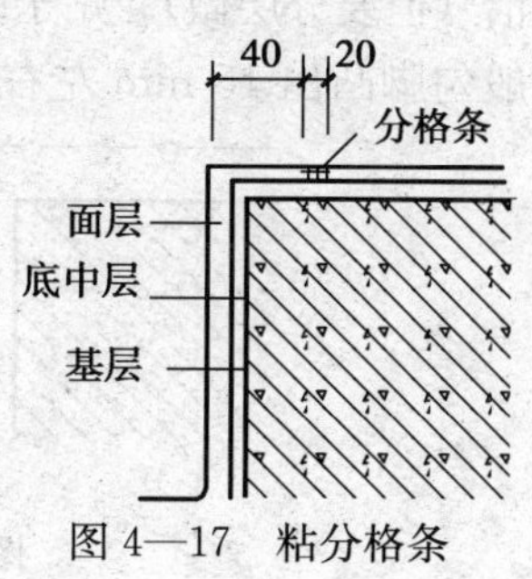

图 4—17　粘分格条

再在槽内填抹 1∶1.5 水泥金刚砂砂浆，高出踏面 3～4 mm，如图 4—20 所示，接着用圆阴阳角抹子压实、捋光，再用小刷子将两侧余灰清理干净。

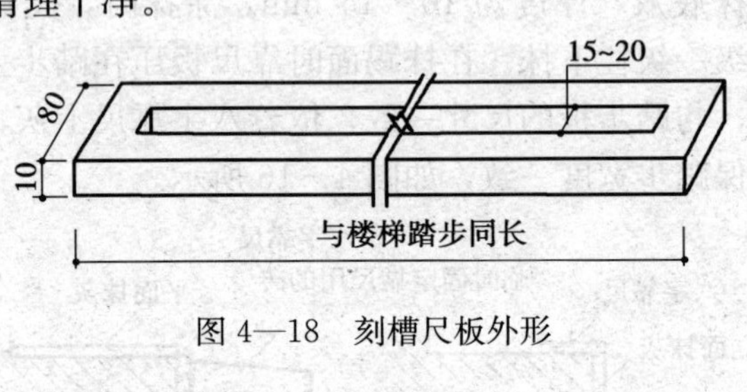

图 4—18　刻槽尺板外形

80
嵌金刚砂的槽
15~20
刻槽尺
10

图 4—19　用刻槽尺板制作防滑条

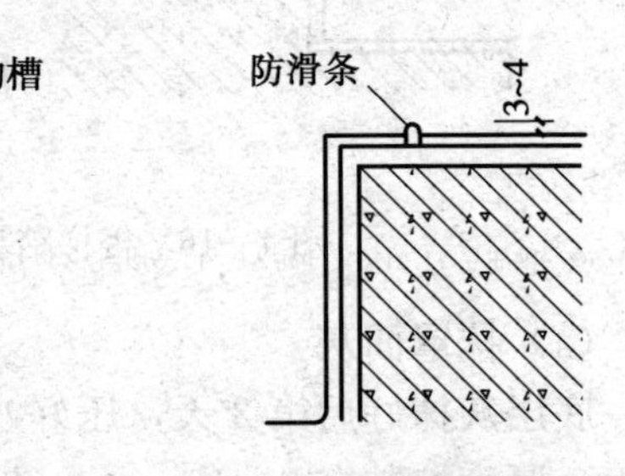

图 4—20　填抹砂浆制作防滑条

(6) 抹踏步勾脚

有的楼梯踏步设计有勾脚（踏步外侧外缘的凸出部分，也称挑口），抹灰时应先抹踢面，后抹踏面，踏步板要连同勾脚一次成活（但要分层做）。贴于踢面的靠尺厚度应正好是勾脚的厚度（一般勾脚凸出 15 mm 左右），如图 4—21 所示。抹灰时，每步勾脚

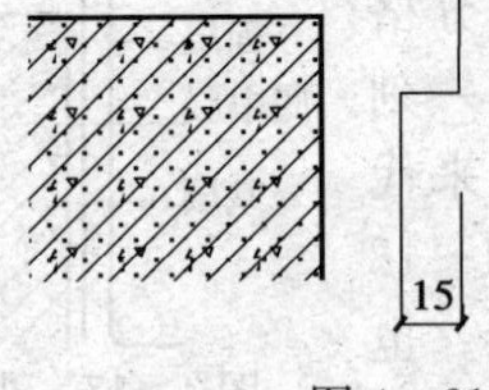

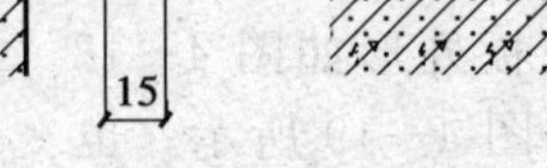

图 4—21　抹踏步勾脚

进出要一致，立面厚度要一致，阳角用小圆阳角抹子捋光压实。

三、腰线、檐口、雨篷抹灰

1. 腰线抹灰

由于建筑物的构造需要或为了增加外墙美观效果，常沿房屋外墙面的水平方向用砖或混凝土挑出各种装饰线条，叫做腰线。常见的多挑出 60～100 mm，有一皮挑砖的，也有两皮挑砖的。

用水泥砂浆抹腰线的方法：将腰线处墙体表面的砂浆、污垢、灰尘等清扫干净，洒水湿润，然后用 1∶2.5 的水泥砂浆打底，厚度 10 mm 左右，在抹完底层灰第二天即可用 1∶2 的水泥砂浆抹罩面灰，厚度控制在 5～8 mm。腰线抹灰要求不仅要表面平整光洁、棱角清晰，还应水平成线，凸出一致。为确保腰线抹灰质量，在抹灰前一定要挂水平通线。对于高低进出不上线的砖块要凿掉补砌。腰线上部要往外抹出流水坡度，下部应做滴水线（凸出墙面部分大于 60 mm 的腰线，做滴水槽）。

2. 檐口和雨篷抹灰

檐口和雨篷一般都是凸出墙面的预制或现浇混凝土板，抹灰的操作方法与顶棚和外墙大致相同，其操作要点是：

（1）抹灰前拉水平通线，以确定抹灰层厚度。雨篷抹灰前要拉线校正、规方并找规矩，确保棱角方正、清晰顺直，与相邻雨篷的高度和伸出一致，而且不能往墙内渗水。

（2）檐口底及雨篷底抹灰方法与室内顶棚抹灰方法相同。面层可抹纸筋灰或刮大白腻子。

（3）雨篷上面用 1∶3 水泥砂浆由墙根往外抹出流水坡度，墙根部要抹成圆弧形泛水，并往上抹 200～300 mm 高，以利防水和防渗漏。

（4）檐口及雨篷的口边抹灰操作与外窗台及腰线抹灰方法基本相同。但上反檐口要比正面（迎面）抹灰突出 5 mm 左右，宽度为 60 mm 左右，檐口上要有流水坡度，檐口下往里反 120 mm 左右，且比板底厚 3～5 mm，做滴水槽或滴水线。

(5) 檐口及雨篷抹灰一般按先抹上口面，后抹下口面，最后抹外口正面的顺序进行。

四、门窗套抹灰

门窗套抹灰，常用水泥砂浆或水泥混合砂浆，其具体操作方法如下。

1. 窗套抹灰

常见窗套抹灰形式有三种做法：

第一种是在砌砖墙时窗口两侧就砌出窗檐，连同窗台、窗楣形成封闭外凸的窗套，然后抹灰。

第二种是在窗口两侧不出砖檐，窗上口过梁也不出小檐，仅砌出窗台，抹灰时窗口两侧及窗楣均往大墙面上抹出一靠尺板（40～60 mm）宽的灰浆，凸出墙面一靠尺板厚（5～10 mm），形成窗套。

第三种是在窗口两侧、窗台、窗楣处均不出小檐凸出墙面，只在窗口四周大墙面上抹出一圈 40～60 mm 宽、5～10 mm 厚的封闭的灰浆形成窗套。

在抹窗套前应将窗套校正一次并固定牢，使各窗框上下左右进出一致，各层窗口应垂直成线、设计在同一标高上的同一规格窗口应水平成线，然后在窗口边找规矩弹窗套边线。方法是，将窗口和口边阳角规方，再根据窗口两侧用窗上口与砖墙之间的缝隙大小确定抹灰厚度并定出窗套大面宽度，然后弹出窗套边线。

窗套抹灰方法与窗台抹灰方法基本相同。阳角抹灰可以采用反贴八字靠尺板的方法进行，即先将八字靠尺的小面贴在墙上抹完一面，如图 4—22a 所示，然后将八字靠尺的大面贴在已抹好的一面墙上，抹另一面，如图 4—22b 所示。这种做法不显接碴痕迹，效果好。窗套抹灰时，要注意使窗口两侧稍向两边斜（即使两侧阳角成钝角），凸出墙的窗台和窗楣要留滴水线或滴水槽，窗楣上部要向外抹流水坡度。窗套抹好水槽，再检查是否与相邻窗套水平、垂直成线，方正一致，凸出墙面部分尺寸一致。

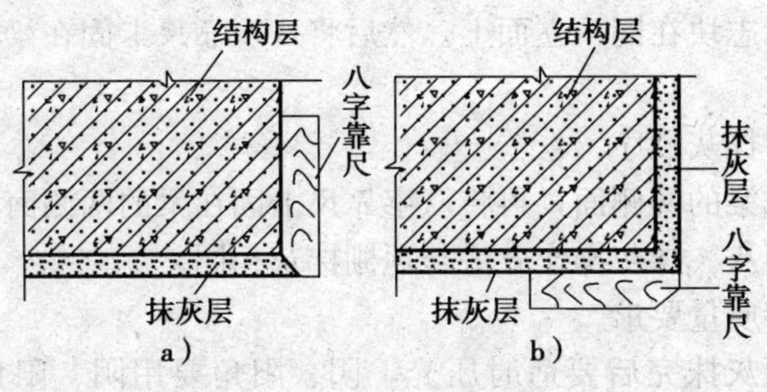

图 4—22　阳角抹灰

2. 门套抹灰

门套抹灰是在门口做的一种抹灰装饰，即门口两侧及门楣三面抹灰。门套抹灰一般由口边向内侧抹。门套的抹灰宽度及砂浆配合比由设计确定，一般宽度有 120 mm、240 mm、370 mm 等。

门套抹灰前，应将门框再校正一次，使其上下左右进出一致，门框应正、直。然后在门洞口两侧及门楣处找规矩，将门套抹灰边线弹出。抹底层灰、粘贴靠尺板的方法均与窗套抹灰相同。有雨篷的门洞口，门楣抹灰应与雨篷交接好，阴角要顺直；没有雨篷的门洞口，上碹脸最好与门套交圈。

五、梁、柱抹灰

1. 梁表面抹灰的操作要点

梁表面抹灰用料：底层用水泥砂浆或水泥混合砂浆，罩面用纸筋灰或麻刀灰。

(1) 清理基层

将梁两侧及梁底面上的灰尘、污物等清理干净，浇水湿润后刷素水泥浆或 1∶1 水泥浆一遍。

(2) 找规矩

先顺梁长方向在梁底部弹出一中心线，以此来控制梁两侧的抹灰厚度，并在梁底两侧水平线来确定梁底抹灰厚度，确定抹灰厚度后，在梁两端侧面下口做标志块，在标志块之间拉水平线，以保证标志块在同一立面上。然后将八字靠尺卡固在梁底面边口上。

（3）抹灰顺序

先抹梁的两侧面，再将八字靠尺卡固在梁的两侧面下口，抹梁的底面灰。抹灰操作方法与顶棚抹灰相同。

（4）质量要求

罩面灰抹完后要适时压光，阴、阳角要用阴、阳角抹子捋光，确保表面平整、光滑，阴阳角方正。

2. 矩形柱表面抹灰的操作要点

（1）基层处理

砖柱、钢筋混凝土柱抹灰前的基层处理与墙体抹灰的基层处理相同。

（2）找规矩

对于独立的柱子，应先检查校该柱子的几何尺寸、平面位置及垂直度，再在楼地面上弹出两个相互垂直的中心线，并画出抹灰后柱子的边线（要求阳角方正）。然后在柱顶吊线锤，调整线锤对准地面上的四角边线，检查柱子各面垂直度和平整度，再在柱四角距地坪和顶棚各 150 mm 处按确定的抹灰厚度做标志块，如图 4—23 所示。如果柱面超差，应进行处理，再找规矩，做标志块。

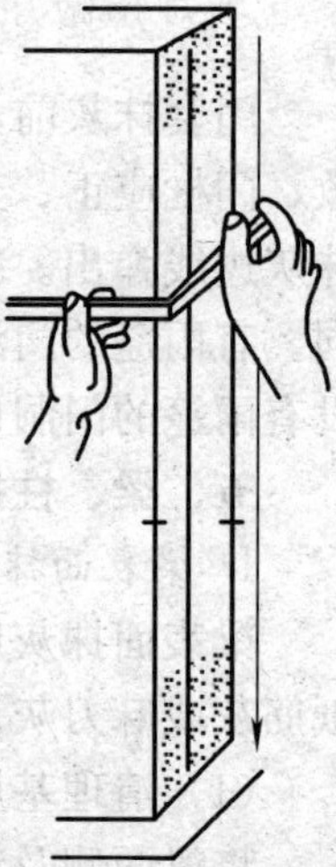

图 4—23　独立柱找规矩

对于两根或两根以上的柱子，应先根据柱子的间距找出各柱中心线，用墨斗将各柱子的中心线弹好，然后在该排柱的两端柱正面上外边角（距顶棚约 150 mm）做标志块，并以此标志块为线锤做下边的角标志块，最后在两端柱上下标志块之间拉水平通线做所有柱子正面上下两边标志块，每根柱子正面上下左右共做 4 个。根据正面的标志块用套板套到两端柱子的反面，再做两边上下标志块，如图 4—24a 所示。根据这些标志块，上下拉水平通线，做各柱反面的标志块。正、反两面标块做好后，用套板中心对准柱子正面或反面中心线，做柱子两侧面的标志块，如图 4—24b 所示。

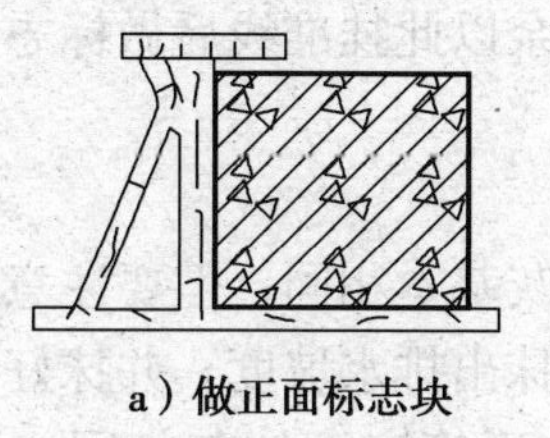

a）做正面标志块

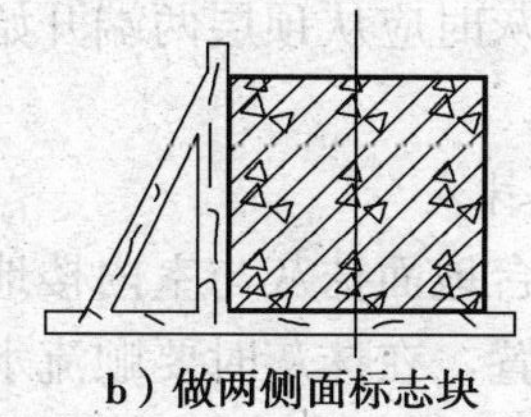

b）做两侧面标志块

图 4—24　多根柱子找规矩

（3）抹灰

找规矩做好标志块后，将八字靠尺卡固在柱子两侧面上，校正后开始抹正面底层灰，用木杠刮平，再用木抹子搓平。抹好后再将八字靠尺取下来清理干净后卡固在正、反两面上，抹柱子两侧面的底层灰并用短木杠刮平，用木抹子搓平。第 2 天再抹罩面灰并压光，并且用铁抹子将柱子四棱角顺角轻轻抽拉一下，确保抹好的柱子垂直、平整、四角方正，外形整齐。多柱系列的抹灰，一定要注意纵横向边线的一致。

砖壁柱抹灰与独立方柱抹灰相同。但找规矩时要注意各个砖壁柱进出要一致，与墙交接的阴角处也要规方，抹灰时阴角要顺直。

六、阳台抹灰

阳台抹灰包括栏杆或栏板、扶手、阳台口梁、阳台地面、阳台顶面等部位，要求上下垂直、左右水平、进出一致、细部统一、颜色均匀、阴阳角方正、棱角清晰、光滑平整。其操作要点如下：

1. 基层清理

将阳台上的杂物、灰尘、污垢清扫干净，并把凸出太多的部位剔凿平整，然后在抹灰前浇水湿润。

2. 找规矩

从最顶层阳台突出的阳角及靠墙阴角往下吊垂线，相邻阳台尽量拉水平通线找好规矩，确定各抹灰层的厚度，并做好标志块，抹灰时应从顶层两端开始，其余以此挂准线后做标志块再抹灰。

3. 抹灰

阳台地面抹灰与室内楼地面抹灰基本相同，但要注意阳台排水孔位置，在抹灰时要顺流水方向抹出排水坡度，并抹好阳台地面与墙面的交角。阳台底面抹灰与雨篷底面抹灰相同。阳台栏板、挑梁等处的抹灰与一般墙角、梁的抹灰相同。

七、坡道台阶抹灰

坡道、台阶一般用于建筑物入口处，其抹灰操作工艺要点与要求和楼梯抹灰基本相同，坡道、台阶抹灰用砂浆一般采用1∶2.5的水泥砂浆打底，1∶2水泥砂浆罩面。在抹灰前应复核坡道、台阶的起始位置及标高，确保坡度、台阶的坡度满足设计要求，对于有压制防滑纹要求的坡度应在罩面砂浆稍收水后终凝前用压纹器压制。

模块七　装饰抹灰

这里只介绍简单的、施工中使用较多的水刷石和干粘石的施工工艺。

一、水刷石操作

水刷石是一种用石粒类材料饰面的传统工艺，具有良好的装饰效果，外观稳重，立体感强；无新旧之分，能使装饰面达到自然、明快、庄重、美观的视觉效果；另外，水刷石还能抵抗风雨侵蚀，耐久性强，取材广泛、价格低廉。水刷石常用于建筑物的外墙面、檐口、勒脚、腰线、雨篷、阳台、柱子、门窗套、窗楣等处。

1. 操作顺序

准备工作→基层处理→找规矩、做灰饼、冲筋→抹底层灰→抹中层灰→弹线分格、贴分格条→浇水湿润基层、刮素水泥浆黏结层→抹水泥石粒浆面层→拍平压实、修整→刷洗面层→起分格条→浇水养护

2. 操作要点

(1) 基层处理

水刷石抹灰的基层处理方法与外墙抹灰基层处理相同。

(2) 抹底、中层灰

1) 底层抹灰、中层抹灰与外墙抹灰相同，抹好的中层灰表面要搓毛。

2) 中层抹灰以冲筋面为标准涂抹 1∶3 水泥砂浆做中层找平层，找平层表面应采用刮尺刮平，用木抹子压实搓毛，要求用托线板或 2 m 靠尺和楔形塞尺检查其平整度，确保中层找平层表面的平整度满足饰面层质量要求。

(3) 分格及粘贴分格条

中层灰抹好后，待其六至七成干并经验收合格，按设计要求弹线分格、粘贴分格条（其具体操作方法与外墙抹灰相同），根据中层抹灰的干燥程度浇水湿润。紧接着刮水灰比为 0.37～0.40 的水泥浆一遍。

(4) 抹面层灰

1) 抹墙面。在铁抹子满刮素水泥浆一遍后，随即抹水泥石子浆。抹面层时用铁抹子一次成活，随抹随用铁抹子压紧、揉平，但不要把石粒压得过死。在每一分格仓内从上往下涂抹，每涂抹完一个分格仓，应拍实抹平，石子浆不宜低于分格条面，分格条两边的石粒要略高于分格条 1～2 mm，拍实操作时应先轻后重，并要把石子的尖棱拍入浆内，随拍随用直尺检查平整度，

如有凹洼应及时添补石子浆，重新拍实抹平，待水分稍干，表面无水光感觉后，再用钢皮抹子溜抹一遍，使小孔洞压实挤密，其涂抹厚度根据不同石子粒径大小而不同，通常为粒径的 2.5 倍，一般为 10～20 mm。同一平面的面层要求一次完成，不宜留施工缝，在不得已必须留施工缝时，应留在分格条上。抹完一块用直尺检查该块的平整度，不平处应及时添补石子浆拍实抹平。

2）抹阳角。一般先抹的一侧不宜用八字靠尺，将石粒浆稍抹过转角，然后再抹另一侧。在抹另一侧时需用八字靠尺将靠尺找齐，这样可以避免两侧都用八字靠尺而造成在阳角处出现明显的接碴印。

（5）喷刷

待水泥石子浆六至七成干，手指轻压无痕，用软刷子刷石子不掉时方可开始喷刷石子浆面。喷刷时，一人先用刷子蘸水刷掉面层灰浆，另一人紧跟其后用喷浆机（采用大八厘或中八厘石粒浆时）或喷雾器（采用小八厘石粒浆时）将四周相邻部位喷湿，然后按由上而下的顺序喷水，并随喷随用毛刷刷掉表面浆水。喷水压力要均匀，喷头一般距离墙面 100～200 mm，不仅要把表面的水泥浆冲洗掉，而且要将石粒间的水泥浆冲出去，使石粒露出表面 1/3～1/2 粒径，达到清晰可见、分布均匀的效果。阴阳角刷洗时，喷头不宜对准棱角，避免水流过于集中，防止石粒脱落。门、窗洞口或贴脸等部位，应先喷刷底部后喷刷大面，以保证大面清洁美观；在阴角的部位应先喷刷侧面后喷刷正面。为保证表面洁净，应用水壶盛清水缓缓从上到下冲洗一遍。当水刷石面层超过喷刷时间，开始硬结，用清水洗不去水泥浆时，可用 3%～5%的稀盐酸溶液洗刷，然后用清水冲洗，防止稀盐酸将面层腐蚀形成黄色斑点。

（6）起分格条

喷刷面层露出石子后，就要起出分格条。起分格条时，用木抹子柄敲击分格条，并用小鸭嘴抹子扎入分格条上下活动，轻轻起出分格条，然后用小溜子找平，用刷子刷光理直缝角，并用素水泥浆将分格缝修补平直，颜色一致。

（7）养护

水刷石抹完第 2 天起要经常洒水养护，养护周期不少于 7 天。在夏季酷热天气施工时，应考虑搭设临时遮阳棚，防止阳光直接辐射，致使水泥早期脱水而影响强度，削弱黏结力。

3. 质量要求

（1）水刷石表面应石粒清晰、分布均匀、紧密平整、色泽一致、应无掉渣和接碴痕迹。

（2）水泥应用同一批号、颜色一致，强度不低于 32.5 等级的矿渣水泥或普通水泥。

（3）砂的含泥量不大于 3%的中砂，用前应过 4.75 mm 的筛。

（4）石子宜用 4～8 mm 且不含针、片状和其他有物质，颜色按照设计要求选用分类堆放。

4. 注意事项

（1）石子均需冲洗干净后方可使用。

（2）分格条应镶嵌牢固、横平竖直、粘贴后高度一致。

（3）在抹灰过程中要随时将分格条表面的水泥浆洗刷干净，以便分格条重复使用。

（4）冲刷时应做好排水工作，不要让水直接顺墙面往下流淌。一般将罩面层分成几段，每段都抹上阻水的水泥浆挡水条，在水泥浆上粘贴油毡或牛皮纸将水往外排，使水不直接往下滴流。冲洗大面积墙面时，应采取先罩面先冲洗，后罩面后洗的冲洗的顺序，整个墙面罩面应从上而下进行操作，这样让上部罩面洗刷方便，也避免下部罩面受到污渍损坏。

5. 常见质量问题

（1）空鼓

其原因主要是，基层清理不干净，墙面浇水不透或不匀，各层抹灰时间间隔太短。应按要求处理好基体，水要浇透浇匀，抹速水泥浆后要立即抹石子浆。

(2) 饰面不清晰，颜色不一致

其原因主要是，墙面没有抹平、压实，冲刷不彻底，原材料没有一次备齐，级配不合适等。因此，石子原材料要一次备齐，并冲洗干净备用，罩面灰抹后要用直尺检查平整度，稍收水后，用铁抹子多次抹压拍平，冲刷时应从上往下，先罩面的先冲洗，后罩面的后冲洗，最后用小水壶将灰浆全部冲净。

二、干粘石操作

干粘石面层粉刷，也称干撒石或干喷石，是用人工或机械喷枪将彩色石粒直接均匀地撒喷在砂浆层上，然后用铁板拍平拍实的一种做法，也是由水刷石演变而来的一种装饰工艺，主要用于建筑物的外部装饰，有质感丰富、颜色多样、艺术效果鲜明等特点。

1. 操作顺序

准备工作→基层处理→找规矩、做灰饼、冲筋→抹底层灰→抹中层灰→弹线分格、贴分格条→浇水湿润基层、刮素水泥浆黏结层→抹粘石砂浆→撒石粒压平或滚平→做门窗、阳台、雨篷干粘石→修理、处理黑边→起分格条、勾缝→浇水养护

干粘石装饰抹灰一般做在砖墙、混凝土墙、加气混凝土墙等基体上，为使基体与底、中层砂浆及底、中层砂浆与面层砂浆黏结牢固，不同的基体采用不同的分层做法。

2. 操作要点

(1) 基层处理

干粘石装饰抹灰的基层处理方法与一般抹灰基层处理方法相同。

(2) 兑色灰

兑色灰主要由专人负责，同一颜色的色灰要采用同厂家、同批号、同规格、同用量的原材料一次配够，计量要准确无误，干

拌均匀并过筛后装袋，逐包过秤，在包装袋上标明色灰品种、色灰净重，封好进库待用。

(3) 抹底、中层灰

1) 抹底层灰。为使底层灰黏结更牢固，宜先在基层上刷一遍掺有107胶的素水泥浆，107胶的掺量为水泥质量的15%～20%，刷浆后紧接着抹1∶3水泥砂浆或1∶0.5∶4水泥混合砂浆，用木抹子压实找平、搓糙表面。

2) 抹中层灰。抹底灰后第2天以冲筋面为标准涂抹1∶3水泥砂浆或1∶0.5∶4水泥混合砂浆做中层找平层，找平层表面应采用刮尺刮平，用木抹子压实搓毛，要求用托线板或2 m靠尺和楔形塞尺检查其平整度，确保中层找平层表面的平整度满足饰面层质量要求。若底层抹灰平整能达到要求可免抹中层灰。

(4) 弹线及粘贴分格条

底、中层灰抹好后就进行弹线分格，把用水浸透的分格木条粘贴在分格线上。分格条的粘贴方法与要求和一般抹灰相同。

(5) 抹黏结层

黏结层抹前用水湿润中层，黏结层砂浆的稠度不宜大于80 mm。黏结层的厚度，当石子为小八厘时，黏结层厚度为4 mm；是中八厘时，黏结层厚度为6 mm。湿润后，还应检查墙面干湿程度，对于干得快的部位用排刷补水到适度湿润时，方可开始抹黏结层。抹黏结层分两道完成：第1道用同标号水泥素浆薄刮一层，以保证底、面黏结牢固。第2道抹聚合物水泥砂浆5～6 mm，且需紧随第1道素水泥浆后进行，随刮随涂抹，然后用靠尺测试，严格执行刮高添低做法。

(6) 甩石子

1) 甩石子应3人同时连续操作，一人抹黏结层，一人紧跟其后，一手拿装石子的托盘（即盛料盘，一般采用40 cm×35 cm×6 cm底部钉有16目筛网的木框，如图4—25a所示），一手用木拍（见图4—25b）铲起石粒，并使石粒均匀分布在木拍上然后反手往黏结层上甩，要求甩射面要大，用力要平稳有劲，使石粒均匀地嵌入黏结层中，如发现有不均匀或过稀现象时，应用抹子或手直接补粘，避免出现死坑或裂缝，同时，用托盘承接掉下来的石子；一人随即用铁抹子将石子均匀拍入黏结层，石子嵌入砂浆的深度应不小于粒径的 1/2，并要求拍实拍严。

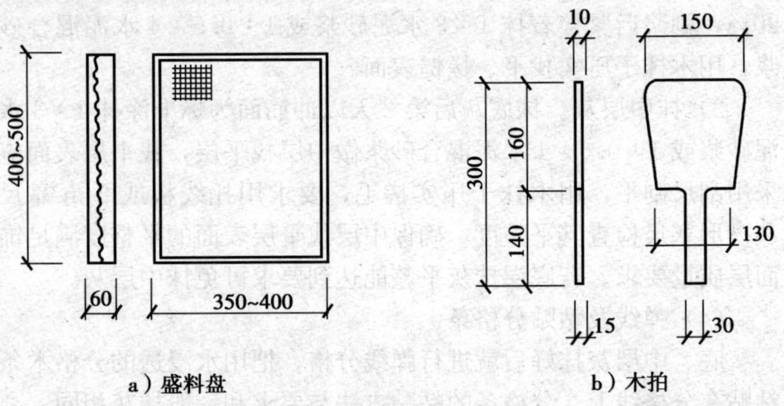

a）盛料盘　　b）木拍

图 4—25　干粘石施工工具示意图

2）甩石子的顺序是，是先甩边角后甩中间，从上至下快速进行。甩出动作要快，不致石子溜下，并能保证上下左右搭接紧密，石粒均匀，木拍要与墙面平行，使石子垂直嵌入黏结层内，偏上偏下偏左偏右则效果不佳，石子浪费也大。

3）在阳角处甩石子时，将薄尺粘在阳角的一边，先做邻面的干粘石，然后取下薄尺要上水泥腻子，一手持短尺靠在已做好的邻面上，一手甩石子，并随即用铁抹子拍平、拍直，使棱角挺直。

（7）滚压、拍平

在黏结层上均匀甩上一层石子后，应随即用压板或油印橡胶滚筒轻拍或轻压，使石粒嵌入黏结层的深度为石子粒径的 1/2 左右，拍压力不得过大，以免造成翻浆糊面或出现滚压印痕，影响外观质量。

(8) 起分格条

当操作完成后，应将墙面上的分格条及时取出（玻璃分格条不取）。注意不要起掉石粒，如有缺棱掉角、局部石粒下坠、表面不平整等不符合要求的地方要立即修整，随手用小溜子和素水泥浆将分格缝修补平直、清晰、颜色一致。

(9) 养护

干粘石抹面层施工完 24 h 后开始洒水养护，养护周期不少于 7 天。在夏季酷热天气施工时，应搭设临时遮阳棚，防止阳光直接辐射墙面，致使水泥早期脱水而影响强度，削弱黏结力。

3. 质量要求

(1) 干粘石表面色泽一致，不漏浆，不漏粘，石粒应黏结牢固，分布均匀，阳角应无明显黑边。

(2) 水泥要求同水刷石。

(3) 砂宜用颗粒坚硬，含泥量不大 3%的中砂或粗砂与中砂混合掺用，用前应过 4.75 mm 的筛。

(4) 石子直径以 3～4 mm 或 5～6 mm 为宜。

(5) 所用颜料应通过试验。

4. 注意事项

(1) 弹线须注意横条均匀，竖条对称一致。

(2) 石子使用前应认真掏洗、择渣，并晾晒干后分类储存备用。

(3) 掺石灰膏时应严格控制其掺量。

(4) 所用颜料品种、数量要一次进够量。

5. 常见质量问题

(1) 空鼓裂缝

其主要原因是基体处理不当，造成底灰与基体黏结不牢；混凝土墙面光滑或残留的隔离剂未清理干净；基体浇水不匀导致干缩不均或脱水快而干缩等。因此，施工前应做好基体的全面清理工作，严格按照工艺要求施工。

(2) 面层滑坠

其主要原因是中层砂浆凹凸不平，相差约 5 mm 时，黏结层易产生滑坠；拍打过分，产生翻浆造成黏结层收缩、裂缝，引起滑坠；中层砂浆浇水过多，黏结层易产生滑坠。因此，施工中应严格控制中层砂浆平整度，凹凸偏差不大于 5 mm；拍压石粒用力不宜过大，达到要求即可；根据不同施工季节，掌握好浇水量。

模块八　抹灰工程质量要求

一、一般抹灰工程的质量要求

一般抹灰工程分为普通抹灰和高级抹灰。其质量要求当设计无要求时，按普通抹灰验收。

1. 主控项目检验（见表 4—3）

表 4—3　　主控项目检验

项次	项目	检验方法
1	抹灰前基层表面的污垢、灰尘、油渍等应清除干净，并应洒水湿润	检查施工记录
2	一般抹灰所用的材料的品种和性能应符合设计要求，水泥的凝结时间和安定性复检应合格，砂浆的配合比应符合设计要求	检验产品合格证书、进场验收记录、复验报告和施工记录
3	抹灰工程应分层进行。当抹灰厚度≥35 mm 时，应采取加强措施。不同材料基体交接处表面的抹灰，应采取防止开裂的加强措施，当采用加强网时，加强网与各基体的搭接宽度不应小于 100 mm	检验隐蔽工程验收记录和施工记录
4	抹灰层与基层之间及抹灰层之间必须黏结牢固，抹灰层应无脱层、空鼓，面层应无爆灰和裂缝	观察；用小锤子轻击检查；检查施工记录

2. 一般项目检验

(1) 抹灰工程所用材料的品种、面层的颜色及花纹是否符合设计要求。

(2) 普通抹灰表面应光滑、洁净、接碴平整，抹灰分格缝的宽度和深度应均匀一致，表面光滑、无砂眼，不得有错缝、缺棱掉角。

(3) 高级抹灰表面应光滑、洁净、颜色均匀、无抹纹，分格缝和抹灰线应清晰美观。

(4) 护角、孔洞、槽、盒周围的抹灰表面应整齐、光滑，管道后面的抹灰表面应平整。

(5) 抹灰层的总厚度应符合设计要求，水泥砂浆不得抹在石灰砂浆层上，罩面石膏灰不得抹在水泥砂浆层上。

(6) 抹灰分格缝的设置应符合设计要求，宽度和深度应均匀，表面应光滑，棱角应整齐。

(7) 有排水要求的部位应做滴水线（槽）。滴水线（槽）应整齐顺直，滴水线应内高外底，滴水槽的宽度的深度均不应小于10 mm。

3. 一般抹灰工程质量允许偏差和检验方法（见表4—4）

表4—4　　一般抹灰工程质量允许偏差和检验方法

项次	项目	允许偏差（mm）		检验方法
		普通抹灰	高级抹灰	
1	立面垂直度	4	3	用2 m垂直尺检查
2	表面平整度	4	3	用2 m的靠尺和塞尺检查
3	阴阳角方正	4	3	用直尺检测尺检查
4	分格条(缝)直线度	4	3	拉5 m线，不足5 m拉通线，用钢直尺检查
5	墙裙、勒脚上口直线度	4	3	拉5 m线，不足5 m拉通线，用钢直尺检查

注：1. 普通抹灰，本表第3项阴角方正可不检查。

2. 顶棚抹灰，本表第2项表面平整可不检查，但应平顺。

二、装饰抹灰的质量要求

1. 主控项目检验

(1) 抹灰前基层表面的尘土、污垢、油渍等应清除干净，并应洒水润湿。

(2) 装饰抹灰工程所用材料的品种和性能应符合设计要求。水泥凝结时间和安定性复验应合格。砂浆的配合比应符合设计要求。

(3) 抹灰工程应分层进行。当抹灰总厚度大于或等于35 mm时，应采取加强措施。不同材料基体交接处表面的抹灰，应采取防止开裂的加强措施，当采用加强网时，加强网与各基体的搭接宽度不应小于 100 mm。

2. 一般项目检验

(1) 装饰抹灰工程的表面质量应符合下列规定：

1) 水刷石表面应石粒清晰、分布均匀、紧密平整、色泽一致，应无掉粒和接碴痕迹。

2) 干粘石表面应色泽一致、不露浆、不漏粘，石粒应黏结牢固、分布均匀，阳角处应无明显黑边。

(2) 装饰抹灰分格条（缝）的设置应符合设计要求，宽度和深度应均匀，表面应平整光滑，棱角应整齐。

3. 装饰抹灰工程质量允许偏差和检验方法（见表 4—5）

表 4—5　　装饰抹灰工程质量允许偏差和检验方法

项次	项目	允许偏差（mm）				检验方法
		水刷石	斩假石	干粘石	假面砖	
1	立面垂直度	5	4	5	5	用 2 m 垂直检测尺检查
2	表面平整度	3	3	5	4	用 2 m 靠尺和塞尺检查
3	阳角方正	3	3	4	4	用直角检测尺检查
4	分格条（缝）直线度	3	3	3	3	拉 5 m 线，不足 5 m 拉通线，用钢直尺检查
5	墙裙、勒脚上口直线度	3	3	—	—	拉 5 m 线，不足 5 m 拉通线，用钢直尺检查

第五单元　季节性施工

培训目标：

1. 掌握冬期施工的要求和方法，能够顺利完成冬期的抹灰工程施工。

2. 能够顺利解决雨季和夏季施工中遇到的问题。

模块一　冬期施工

冬期施工的确认和应具备的技术条件：当连续5天室外平均气温低于+5℃时，抹灰工程施工应采取冬期施工技术措施，以防止施工部位遭受冻害。冬期施工期限以外，当日最低气温低于−3℃时，施工应按冬期施工的各项规定进行施工。

一、冬期施工准备

1. 技术准备

（1）施工技术方措施的制定必须以确保施工质量及生产安全为前提，具有一定的技术可靠性和经济合理性。

（2）制定的施工技术措施中，应具有以下内容：施工部署（进度安排）、施工程序、施工方法、机具与材料调配计划、施工人员技术培训（测温人员、掺外加剂人员）与劳动力计划、保温材料与外加剂等材料计划、操作要点、质量控制要点、检测项目等方面。

2. 生产准备

根据制订的进度计划安排好施工任务及现场准备工作。

如现场供水管道的保温防冻、搅拌机棚的保温、场地的整平及临时道路的设置，装修工程的门窗洞口封闭及保温。

3. 资源准备

根据制订的计划组织好外加剂材料、保温材料、施工仪表(测温计)、职工劳动保护用品等的准备工作。

冬季施工时，砂浆搅拌时温度不应低于 25℃，使用时温度不得低于＋5℃。如低于＋5℃则不但不能保证施工质量，而且加大了操作的难度。施工中砂浆硬化前应采取有效防冻措施。

二、抹灰砂浆制备要求

抹灰砂浆宜采用普通水泥拌制，不得使用无水泥的砂浆，应采用水泥砂浆或水泥石灰砂浆；拌制抹灰砂浆用的石灰膏应防止受冻，如遭冻结，应融化后方可使用。所用的砂，不得含有冰块和直径大于 10 mm 的冻块；拌和抹灰砂浆宜加热，水温不得超过 80℃；抹灰砂浆应采用砂浆搅拌机进行搅拌，搅拌时间比常温延长 1 min 以上，砂浆搅拌时温度不应低于 25℃，使用时的温度应在 5℃以上。砂浆应随拌随用，不得积存。

三、冬期施工方法

抹灰工程冬季施工方法有两种，即热作法和冷作法，以下分别介绍。

1. 热作法施工

热作法是利用房屋的永久热源或临时热源来提高和保持施工环境的温度，使砂浆在正温条件下硬化和固结，适用于房屋内部的抹灰工程。室外大面积抹灰也应采用热作法。

热作法施工要求：

(1) 在进行室内抹灰前，应将门窗口封好，门窗口边缝及脚手眼、孔洞等亦应堵好。施工洞口、运料口及楼梯间等处做好封闭保温工作。

(2) 施工地面 50 cm 以上环境温度不应低于 5℃。

(3) 需要抹灰的砌体，应提前加热，使墙面保持在 5℃以上，以便湿润墙面时不致结冰，使砂浆与墙面黏结牢固。

（4）用冻结法砌筑的砌体，应提前加热进行人工解冻，待砌体已经解冻并下沉完毕后，再进行抹灰。

（5）用临时热源（如火炉等）加热时，应当随时检查抹灰层的湿度，如干燥过快发生裂纹时，应当进行洒水湿润，使其与各层（底层、面层）能很好的黏结，防止脱落。

（6）用热作法施工的室内抹灰工程，应在每个房间设置通风口或适当开放窗户，进行定期通风，排除湿空气。

（7）用火炉加热时，必需装设烟囱，严防煤气中毒。

（8）抹灰工程所用的砂浆，应在正温度的室内或临时暖棚中制作。砂浆使用时的温度，应在 5℃以上。为了获得砂浆应有温度，采用热水搅拌，水温不得超过 80℃。

（9）装饰工程完成后，在 7 天内室（棚）内温度仍不应低于 5℃。

2. 冷作法施工

对于不能采用热作法施工的工程，可采用冷作法施工，冷作法施工时，应采用水泥砂浆或水泥混合砂浆。砂浆强度等级应不低于 M2.5。冷作法是在抹灰砂浆中掺入化学外加剂，以降低抹灰砂浆的冰点，使砂浆在负温条件下硬化。室外零星抹灰可采用冷作法施工。

冷作法施工要求：

（1）冷作法施工所用砂浆，必须在暖棚中制作，砂浆使用时的温度应在 5℃以上。

（2）砂浆中掺入亚硝酸钠作防冻剂时，其掺量可参考表 5—1。

表 5—1　　砂浆内亚硝酸钠掺量（占用水量的%）

室外气温℃	−3～0	−9～−4	−15～−10	−20～−16
掺量%	1	3	5	8

（3）砂浆中掺入氯化钠作防冻剂时，其掺量可参考表 5—2。

表 5—2　　砂浆内氯化钠掺量（占用水量的%）

室外气温（℃）	−5～0	−10～−5
挑檐、阳台、雨罩、墙面等抹水泥砂浆	4	4～8
墙面为水刷石、干粘石水泥砂浆	5	5～10

注：氯盐防冻剂禁用于高压电源部位和油漆墙面的水泥砂浆基层

（4）防冻剂应由专人配制和使用，配制时先制成20%浓度的标准溶液，然后根据气温再配制成使用浓度的溶液。

（5）防冻剂的掺入量，是按砂浆的总含水量计算的，其中包括石灰膏和砂子的含水量。

（6）采用氯盐作防冻剂时，砂浆内埋设的铁件均需涂刷防锈漆。

（7）抹灰基层表面如有冰霜雪时，可用与抹灰砂浆同浓度的防冻剂热水溶液冲，将表面杂物清除干净后再行抹灰。

模块二　雨季与夏季施工

一、雨季施工

1. 雨季对抹灰施工的影响

雨季是否到来可根据当地历史气象资料进行判断。其对抹灰施工的影响主要是：原材料的储存、室外抹灰基层的含水量、施工中因层与层之间的间隔时间加长以致被水冲刷等导致抹灰困难。

2. 雨季施工的主要管理措施

雨季施工时，特别要注意材料运输和仓库的保护工作，原材料进入现场储存应有防雨措施和排水措施。

防止因雨淋引起的材料变质，造成不必要的经济损失。

水泥库应有防漏、防潮等措施。

3. 雨季施工要求

（1）大雨天、大风天禁止室外高空作业。

（2）雨天施工时，应根据砂的含水率，调整水灰比，使砂浆的稀稠浓度适宜，以满足抹灰的要求。

（3）屋面防水层做完后才能做室内抹灰工作，否则应有专项防雨措施。

（4）室外抹灰应有应急的避雨措施。

二、夏季施工

1. 夏季施工注意事项

夏季天气炎热，施工时水的蒸发量大，要采取必要的措施保证基体的含水率（即湿润程度），以保证抹灰时的黏结强度，以免墙面发生空鼓、起壳、脱皮现象。高温期间进行外墙抹灰施工要避免阳光直接暴晒，应安排早晨在西边施工，下午在东边施工，傍晚南北边施工的方法岔开施工，施工过程中必要时采用遮阳防晒等方法施工

2. 夏季施工的主要措施

（1）基层与养护都应增加浇水量。

（2）水泥砂浆随拌随用，如果气温超过 30℃，砂浆应在2 h内用完。

（3）适当调整作息时间，尽量避开中午高温时间作业，必要时安排凌晨和晚间气温降低时施工，并备好防暑降温用品，防止中暑事故的发生。

第六单元　安全生产与文明施工

培训目标：

1. 掌握抹灰施工的安全生产要求。
2. 掌握机械使用安全技术。
3. 了解文明施工的作业要求。

模块一　安全生产

在抹灰工程施工中，既要强化安全生产工作的领导，建立安全生产责任制度，又要强化安全教育，实行安全考试合格才能进入操作岗位的制度。

一、施工现场安全生产的基本要求

1. 正确使用防护用品和安全设施，严格遵守施工安全规范

正确选择和穿戴个人劳动防护安全设施，是杜绝安全事故的有效措施之一。抹灰施工现场的劳动防护用品和安全设施主要包括安全帽、安全带、安全网等，具体防护细则如下：

（1）进入施工现场，必须系好安全帽下颌带，戴紧安全帽，如图 6—1 所示。

（2）悬空作业要系好安全带，挂好安全绳，如图 6—2 所示。

（3）作业层脚手板应铺满、铺稳、无探头板。

（4）工作面窄时，临空处一定要有安全保护措施。

（5）按规定做好“四口”（楼梯口、电梯井口、预留洞口、

图 6—1　进入施工现场戴好安全帽

通道口）和临边防护，不得擅自拆除安全防护，临时拆除要及时复原。

图 6—2　悬空作业安全防护

（6）上下脚手架时一定要走安全斜道，任何时候都不得违章攀爬脚手架，如图 6—3 所示。

（7）施工用梯子不得缺档，不得垫高使用，梯子横档间距以 30 cm 为宜，使用时上端要扎牢，下端应采取防滑措施，单面梯与地面夹角以 60°～70°为宜。禁止二人同时在梯上作业，如图 6—4 所示，如需接长使用，应绑扎牢固。人字梯底脚应拉牢，

攀爬脚手架很危险！

图 6—3　不得攀爬脚手架

在通道处使用梯子，应有人监护或设置围栏，并要防止梯子滑倒坠落伤害，如图 6—5 所示。

图 6—4　禁止两人同时在梯上作业

图 6—5　要防止梯子滑倒坠落

（8）5、6 级以上的大风、雷雨、暴雨、风雪、雾天禁止在露天进行悬空作业。

2. 注意自我约束，提高安全防护意识。

（1）严禁酒后施工，如图 6—6 所示。

（2）施工现场不得随意吸烟，不乱扔烟头。

（3）不穿拖鞋上班，女工不得穿裙子、高跟鞋上班，长发要盘好。

图 6—6　严禁酒后施工

（4）立体交叉作业，做好可靠防护，相互提醒，防止伤害，如图 6—7 所示。

（5）准时参加安全技术交底会。

图 6—7　立体交叉作业时互相提醒

3. 爱护和合理使用安全设施

（1）各种类型的脚手架都必须由架子工搭设及拆除。

（2）不得擅自拆除、移改防护设施，如图 6—8 所示。

图 6—8　不得擅自拆除、移改防护设施

（3）管好自己的随身工具，不乱丢乱扔。

（4）施工现场设置的消防设施和消防器材，不得随意动用，工地制定的消防制度，必须严格遵守。

（5）在施工现场动火要有审批手续和现场监护，下班前必须确认无火灾隐患后方可离开，施工现场不得焚烧有毒有害物质。

4. 严守安全操作规程

（1）高空调运物料，钢丝绳要匹配，吊点位置要正确，挂好吊钩锁好保险后人员迅速离开，并应禁止人员在其下行走，如图 6—9a 所示。严禁不同长短料混吊，防止短料滑落伤人。

（2）高处作业人员应配带工具袋，物品随用随拿，防止坠落伤人。

（3）施工现场必须及时清理建筑垃圾（见图 6—9b），不向外、不向下投掷物品。

（4）楼层中堆放的各种材料、配件等，距边沿距离应大于 1.5 m。

（5）不准在门窗等器物上搭设脚手板，严禁踩踏在脚手架的护栏和阳台栏板上进行操作；使用脚手架，应先检查是否牢

a）

b）

图 6—9 注意施工现场安全

靠，护身栏、挡脚板等是否齐全可靠，发现问题应及时修整好，才能在上面操作；在同一跨度的脚手板内不应超过两人同时作业。

(6) 室内抹灰施工的木凳、金属支架应搭设平衡牢固，架上堆放材料不得过于集中，要注意分散并放平稳，不许超过规定荷载。

(7) 室外抹灰使用脚手架时，其宽度不得小于 0.8 m，立杆间距不得大于 2 m，大横杆间距不得大于 1.8 m，脚手架限载 270 kg/m^2，脚手架需满铺，离墙面不得大于 20 cm，不得有空隙和探头板。

(8) 顶棚抹灰应搭设满堂脚手架，脚手板应满铺；脚手板之间的空隙宽度不得大于 5 cm，脚手板底距顶棚底不小于 2 m。

(9) 零星抹灰、收尾、找补工程，不能用暖气管、上下水管道作为脚手架的支点，以免发生安全事故。

(10) 如建筑物施工已有砌筑用外脚手架或里脚手架，则进行抹灰施工时就可以利用这些脚手架，待抹灰工程完成后才拆除脚手架。多工种立体交叉作业，必须设置可靠安全的隔层。

二、高空作业安全常规

1. 从事高空作业要定期体检，经医生诊断，凡患高血压、心脏病、贫血病、癫痫病以及其他不适于高空作业的疾病的，不得从事高空作业。

2. 高空作业衣着要灵便，禁止穿硬底和带钉易滑的鞋。

3. 高空作业所用材料要堆放平稳，工具应随手放入工具袋内，上下传递物体，禁止抛掷。

4. 没有安全防护措施，禁止在屋架的上弦、支撑、桁条、挑架的挑梁和半固定的构件上行走或作业，以免从高空坠落，如图 6—10 所示。高空作业与地面联系，应设通信装置，并专人负责。

5. 乘人的外用电梯、吊笼，应有可靠的安全装置，除指派的专业人员外，禁止攀爬起重臂、绳索和随同运料的吊笼吊装物上下，如图 6—11 所示。

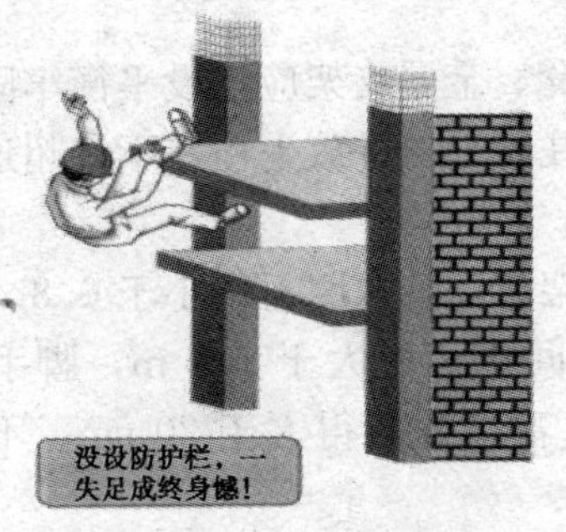

图 6—10　禁止在无安全防护措施的构件上行走

图 6—11　禁止攀爬

三、机械使用安全要求

这里主要介绍砂浆搅拌机使用的安全要求。

1. 作业前检查搅拌机的转动情况是否良好，安全装置，防护装置等均应牢固可靠，操作灵活，如图 6—12 所示。

2. 启动后先经空机运转，空转运行待机械运转正常后，检查搅拌叶旋转方向是否正确，再加料搅拌。操作中边加料边加水，不能加入料后再启动，投料不准超过额定容量。

图 6—12　砂浆搅拌机安全装置须牢固可靠

3. 加料时，工具不能碰撞搅拌机，更不能在机械运转中用手或木棒等工具伸进搅拌机筒内或在筒口清理灰浆，如图 6—13 所示。

图 6—13　勿将手伸进搅拌机筒内

4. 料斗内不能进入杂物，清除杂物时必须停机进行。

5. 操作时不准拆卸，不准在运转中维修保养、加油清理或调整。操作中如发生故障不能运转时，应先切断电源停机查找原因，不得用工具撬动等危险方法，强行运转机械。将筒内灰浆倒出，进行检修，排除故障。

6. 作业完毕，做好搅拌机内外的清洗和搅拌机周围清理工作，清理时不得使电动机及电器受潮。切断电源，锁好箱门。

7. 使用砂浆搅拌机搅拌砂浆，往拌筒内投料时，拌叶转动时不得用脚踩或用铁铲。木棒等工具拨刮筒口的砂浆或材料。

8. 料斗升起时严禁在料斗下工作或穿行，清理斗坑时必须将保险钩或保险销挂好锁牢，切断电源后方可清理。

四、施工用电安全要求

1. 安全用电一般要求（见图 6—14）

（1）电源开关箱的周围不许堆放杂物。

（2）电线上不许违规晾晒衣服。

（3）电源线路应架空铺设，不能拖在地上。

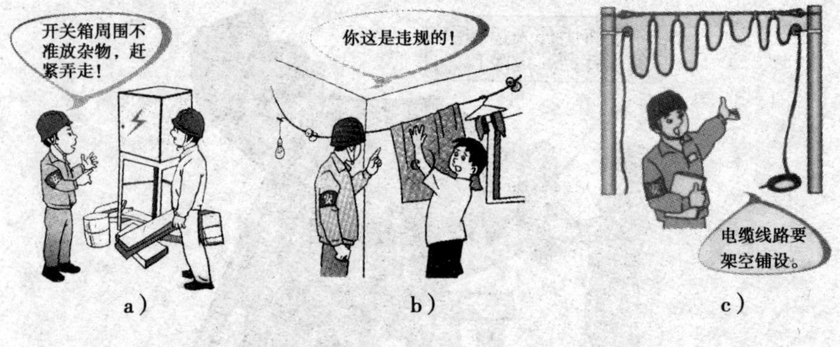

a)　　b)　　c)

图 6—14　安全用电一般要求

2. 手持电动工具的安全技术

（1）手持电动工具在使用前应检查外壳、手柄、插头、开关、漏电保护、防护罩接零保护是否完好有效，确认完好后方可使用。

（2）操作时握持要稳，戴绝缘手套、穿绝缘鞋，用力均匀，不得使劲过猛，防止钻头或部件损坏伤人。

（3）搬运时，不准用缆线拖拉电动工具，以免拉断或磨破缆线及拉下插头。

（4）电器使用前应先进行安全检查，且不得将裸线直接插入插座，如图 6—15 所示。

图 6—15　触电安全防护

（5）更换钻头和部件，先拉闸断电，并拔下插头，确认无电后方可更换，操作者在操作时穿绝缘鞋戴绝缘手套，必要时还要戴上眼镜，用完的手持电动工具放在干燥处保管，防止受潮。

模块二　文明施工

文明施工主要是在施工过程中遵守相应的安全技术措施的同时，坚守岗位、讲文明、严禁违章作业。文明施工是指在施工管理中，按照现代化施工的客观要求，使施工现场保持良好的施工环境和施工秩序。文明施工，是现代化施工的一个重要标志，是施工企业一项基础性的管理工作。

文明施工就是要通过对施工现场中的质量、安全防护、安全用电、机械设备、技术、消防保卫、场容、卫生、环保、材料等各个方面的管理，创造良好的施工环境和施工秩序，促进安全生产、加快施工进度、保证工程质量、降低工程成本、提高企业经济和社会效益。

一、文明施工和现场环境要求

1. 机械操作人员必须身体健康，并经过专业培训合格，取得上岗证。

2. 进入施工场地前必须进行安全生产和工地规章制度的教育。

3. 进入施工场地前要根据施工要求穿戴好防护用品。

4. 施工操作前检查使用工具的安全可靠性。

5. 施工现场的脚手架、防护设施、安全标志和警告牌，不得擅自拆动，需要拆动的应经工地施工负责人同意。

6. 抹灰砂浆中掺加的化学添加剂等应按规定添加。

7. 施工现场的临时用电，按规定采用安全电压，线路出现事故，应由专职电工进行维修与检查。

8. 冬季施工中室内热作业要防止煤气中毒和火灾发生，外架要经常打扫并注意防滑。

9. 施工堆料不得占用楼道内的公共空间，封堵紧急出口。

10. 雨季施工注意机具设备的防护。

11. 清理楼面时，禁止从窗口、留洞口和阳台等处直接向外抛扔垃圾、杂物等。

12. 不得堵塞、破坏上下水管道、垃圾道等公共设施，不得损坏楼内各种公共标识。

二、实施安全文明施工操作的基本要求

1. 建筑物内外的零散料及时清理，施工及生活垃圾要分开堆放，及时外运；施工操作做到活完料净场清。

2. 施工现场不许随地大小便，厕所墙壁、屋顶要严密，门窗要齐全，并设专人管理，经常冲洗，防止蚊蝇孳生。

3. 建筑物内外存放的各种物资要分类别、规格码放整齐，符合其具体要求。

4. 对于水泥、五金、水暖管件、电气安装用品等必须入库保管，库房必须防雨、防潮，针对特殊材料特殊处理。

5. 现场施工垃圾集中堆放，及时分拣、回收、清运。

6. 现场必须节约用水、用电，做到无长流水、长明灯。

7. 各种材料严格管理，进出场必须检测认证，手续齐全。

8. 注意自我保护和保护他人安全。

三、现场文明施工的具体要求

1. 现场围挡

（1）建设工程工地四周应按规定设置连续、密闭的围栏；建造多层、高层建筑的，还应设置安全防护设施。在市区主要路段和市容景观道路及机场、码头、车站广场设置的围栏，其高度不得低于 2.5 m。

（2）在其他路段设置的围栏，其高度不得低于 1.8 m。

（3）围挡使用的材料应保证围栏稳固、整洁、美观。不得在工地围栏外堆放建筑材料、垃圾和工程渣土。在经批准临时占用的区域，应严格按批准的占地范围和使用性质存放、堆卸建筑材料或机具设备，临时区域四周应设置高于 1 m 的围栏。

2. 封闭管理

（1）施工现场的进出口应设置大门，门头按规定设置企业标志。工地内还须立旗杆，升挂集团、企业等旗帜。

（2）门口要有门卫并制定门卫管理制度和岗位责任制；来访人员应进行登记；进出料要有收发手续。

（3）进入施工现场的工作人员按规定佩戴工作标识卡。

3. 施工场地

（1）建筑工地的主要道路及进行灌注桩施工的场地，地面应按规定用道渣或素混凝土等做硬化处理，道路应保持畅通。

（2）建筑工地应设置排水沟或下水道，排水须保持通畅。

（3）制定防止泥浆、污水、废水外流以及堵塞下水道和排水河道的措施。工程泥浆实行三级沉淀，二级排放。

（4）工地地面应平整不得有积水。

（5）工地应按要求设置吸烟处，有烟缸或水盆，禁止流动吸烟。

（6）南方地区四季要有绿化布置，北方地区温暖季节要有绿化布置，绿化实行地栽。

4. 材料堆放

（1）建筑材料、构配件、料具应按总平面图布局堆放。

（2）料堆要堆放整齐并按规定挂置名称、品种、规格、数量、进货日期等标牌以及状态标识：已检合格、待检、不合格。

（3）工作面每日应做到工完料尽场地清。

（4）建筑垃圾应在指定场所堆放整齐并标出名称、品种，做到及时清运。

（5）易燃易爆物品应设置危险品仓库并做到分类存放。

5. 现场住宿

（1）建设工程工地的宿舍要符合文明施工的要求。在建建筑物内不得兼作宿舍。

（2）施工区域与非施工区域（生活、办公区域）严格分隔，区域分隔要清楚。场容场貌整齐、整洁、有序、文明；施工区域或吊装、禁火等危险区域有醒目的警示标志，并采取安全防护措施。

（3）冬季北方严寒地区的宿舍应有保暖和防止煤气中毒措施；夏季宿舍应有消暑和防蚊虫叮咬措施。

（4）宿舍照明一般应统一使用 36 V 低压电，宿舍内应按规定设置床铺，日常生活用品力求统一并放置整齐；室内要保持通风、明亮、清洁；二楼以上的宿舍应设水源和倒水斗以及废弃物箱，并做到每天倾倒。

（5）宿舍及其周围要保持环境卫生整洁，建立和健全卫生保洁制度并落实责任人。

6. 施工现场清洁卫生

（1）对施工现场的设备、场地、物品勤加维护打扫。

要保持现场环境卫生，干净整齐，无垃圾，无污物，并使设备运转正常，其清扫活动的要点是：

1）要对施工现场进行彻底检查清扫，不留死角。施工现场所有场地，物品、设备、建筑物内外、食堂、仓库、厕所、办公室、加工场、站等都是检查清扫对象。

2）要做到自产自清，日产日清，工完料净脚下清。在清扫过程中，要注意对建筑垃圾分拣过筛综合利用。建筑垃圾与生活垃圾分开，按指定地点存放，及时清理出现场。

3）对设备的清扫，要定期对设备进行点验、清扫和维护保养。设备异常马上修理，使之恢复正常。

4）维持施工现场清洁，预防疾病和食物中毒，消除发生安全事故的根源，使施工现场保持良好的施工与生活环境和施工秩序，并始终处于最佳状态。

5）职工不仅做到形体上的清洁，而且要注意精神文明，礼貌待人，在现场不大声喧哗，不聚众打架、斗殴、酗酒、赌博，不看黄色书刊杂志和录像，不随地大小便，不凌空抛撒垃圾与物品等。

6）要进一步消除施工现场空气、粉尘、噪声、水源污染源，达到规定要求，保证工人身体健康，增加工人劳动热情，心情愉快地工作与生活。

7. 现场防火

（1）制定防火安全措施及管理制度，配备足够数量的灭火器材。

（2）动火必须具有“二证一器一监护”，即：焊工证、动火证、灭火器、监护人。

在防火安全工作中，要建立防火安全组织，义务消防队和防火档案，明确项目负责人、管理人员及各操作岗位的防火安全职责。

8. 环境保护

实行环保目标责任制，把环保指标以责任书的形式层层分解到有关单位和个人，建立一支懂行善管的环保自我监控体系。

（1）加强检查和监控工作。要加强检查，加强对施工现场粉尘、噪声、废气的监测和监控工作。要与文明施工现场管理一起检查、考核、奖罚，及时采取措施消除粉尘、废气和污水的污染。

（2）保护和改善施工现场的环境，要进行综合治理。要采取有效措施控制人为噪声、粉尘的污染和采取技术措施控制烟尘、污水、噪声污染。

（3）施工现场垃圾渣土要及时清理出现场。高层建筑物和多层建筑物清理施工垃圾时，要搭设封闭式专用垃圾道，采用容器吊运或将永久性垃圾道随结构安装好以供施工使用，严禁凌空随意抛撒。

（4）车辆不带泥砂出现场措施。可在大门口铺一段石子路，定期过筛清理；作一段水沟冲刷车轮；人工拍土，清扫车轮、车帮；挖土装车不超装；车辆行驶不猛拐，不急刹车，防止洒土，卸土后注意关好车厢门：场区和场外安排人清扫洒水，基本做到不洒土、不扬尘，减少对周围环境污染。

（5）除设有符合规定的装置外，禁止在施工现场焚烧油毡、橡胶、皮革、树叶、枯草等以及其他会产生毒、有害烟尘和恶臭气体的物质。

（6）防止水源污染措施

1）禁止将有毒有害废弃物作土方回填。

2）污水未经处理不得直接排入城市污水管道或河流中。

3）工地临时厕所、化粪池应采取防渗漏措施。中心城市施工现场的临时厕所，可采取水冲式，蹲坑上加盖，并有防蝇、灭蛆措施，防止污染水体和环境。

4）化学药品，外加剂等要妥善保管，库内存放，防止污染环境。